W0340071

TIENS BON !

Pédopsychiatre, longtemps chef de clinique à l'hôpital Sainte-Marguerite et ancien chef de service à l'Espace Arthur – service de psychiatrie de l'enfant et de l'adolescent – de l'hôpital de la Timone à Marseille, le professeur Marcel Rufo a aussi dirigé la Maison de Solenn – la maison des adolescents – de l'hôpital Cochin à Paris de 2004 à 2007. Actuellement directeur médical de l'Espace méditerranéen de l'adolescence à l'hôpital Salvator de Marseille, il est l'auteur de plusieurs ouvrages, dont *Œdipe toi-même !*, *Tout ce que vous ne devriez jamais savoir sur la sexualité de vos enfants*, *Détache-moi !* et *La Vie en désordre*.

Paru dans Le Livre de Poche :

CHACUN CHERCHE UN PÈRE

DÉTACHE-MOI ! SE SÉPARER POUR GRANDIR

FRÈRES ET SŒURS, UNE MALADIE D'AMOUR

ŒDIPE TOI-MÊME !

TOUT CE QUE VOUS NE DEVRIEZ JAMAIS SAVOIR SUR LA SEXUALITÉ DE VOS ENFANTS

LA VIE EN DÉSORDRE

Avec Martine Choquet :
REGARDS CROISÉS SUR L'ADOLESCENCE

PROFESSEUR MARCEL RUFO

Tiens bon !

ÉDITIONS ANNE CARRIÈRE

© S.N. Éditions Anne Carrière, Paris, 2011.
ISBN : 978-2-253-16748-8 – 1re publication LGF

Merci aux parents qui m'ont fait l'honneur de me confier les soucis de leurs enfants.

Merci à Lisa et Angelo pour leur bel accompagnement de mon enfance.

Prologue

Si par une nuit d'hiver un voyageur... Le titre d'Italo Calvino me semble définir parfaitement l'atmosphère des rencontres avec les parents, les enfants et les adolescents présentant des difficultés relationnelles, cognitives ou comportementales.

En effet, cela nécessite un courage particulièrement affirmé d'aller parler à un tiers, un étranger, d'histoires de famille, de rejets ou de craintes concernant ce qui représente l'avenir : notre enfant. Au fur et à mesure des années, par l'accumulation de la pratique clinique, le médecin a de moins en moins peur de ce qu'on lui raconte. La psychiatrie n'est pas une discipline comme les autres spécialités médicales protégées par les explorations paracliniques et biologiques. Ici, il s'agit de « se prescrire », de recevoir, d'incorporer les tourments et les désarrois avec le risque d'un écho sur soi-même. On devient thérapeute, petit à petit, avec la multiplication des consultations, le soutien de nos collaborateurs et de nos maîtres.

Il arrive parfois de soigner en « un coup », lors d'une première rencontre qui semble alors magique, mais cela n'est que le résultat d'un long travail de modification personnelle.

J'ai appris au long cours (un terme de marine), dans toute ma traversée de carrière, qu'il ne faut jamais toucher à la réserve d'espérance des parents. Souvent, ceux-ci viennent me voir avec une crainte diagnostique : « Mon enfant parlera-t-il ? A-t-il de bonnes capacités cognitives intellectuelles ? Est-ce qu'il va pouvoir s'intégrer à l'école ? »

En face d'eux se trouve un clinicien qui n'a aucune affection pour cet enfant. Ce n'est pas son fils ou sa fille. Une sorte de froideur risque de l'envahir car il ne comprend pas le propos insensé : « Aura-t-il (elle) une scolarité normale alors qu'il (elle) ne parle pas à six ans ? » C'est en fait une défense absolue des parents entre l'enfant imaginaire qu'il (elle) aurait dû être et celui (celle) qu'il (elle) ne sera jamais. Si l'on attaque la position de dénégation des parents, notre attitude est d'une violence extrême à leur égard, d'autant qu'ils ont compris comme nous la gravité des troubles.

J'ai compris ce concept à force de travailler avec des parents dont les enfants sont en situation de handicap. Une des histoires relatées dans cet ouvrage fait état des surprises dans l'évolution vitale d'un enfant gravement atteint. C'est tout le problème : avoir de l'empathie lorsque l'on rencontre quelqu'un, plutôt que de la rigueur clinique ou diagnostique.

C'est vers ce parcours initiatique que je vais vous entraîner. J'ai choisi sept histoires qui me paraissent démonstratives. Je prends le risque d'y exposer mes doutes et mes hésitations. Elles me permettent aujourd'hui encore de maintenir intacte une réserve d'espérance sur les évolutions des cas les plus complexes. Elles renforcent ma confiance et justifient mes accompagnements.

Tiens bon !

Marseille : le parc de l'hôpital Salvator est décoloré, c'est l'hiver. Tiens ! un amandier appelle déjà le printemps. Il est soutenu par le chant joyeux des perruches du Gabon, au vert éclatant, qui sont devenues des habituées de ce lieu magnifique. Au fond, le bâtiment XIXe resplendit. Il a la couleur ocre des maisons de Portofino, rehaussée d'émaux multicolores comme ceux de Luca Della Robbia en Toscane. Me voilà engagé dans un de mes derniers combats, pour répondre à la question essentielle de ma carrière : « Qu'est-ce qu'un hôpital ? » En cheminant dans le parc, une sérénité mêlée de plaisir et de réassurance m'envahit. Ce choix est le bon et il faut à tout prix le réaliser. J'ai la certitude que le beau soigne.

Les souvenirs peuplent cet endroit. En 1965, il y a bien longtemps, mes aînés avaient mis en place des « écuries » de chirurgie et de médecine. Les internes des hôpitaux consacraient gratuitement une soirée par semaine aux jeunes étudiants qui devaient leur succéder pour devenir comme eux, plus tard. Merci, Gilbert et Claude, chirurgiens à la carrière exemplaire, et Jacques, médecin au beau parcours hospitalo-universitaire. Près de cinquante ans après, ce lieu va revivre par la création d'une structure innovante destinée aux adolescents et aux jeunes adultes.

Mais revenons sur mon engagement actuel. Nous sommes tous d'accord que l'approche clinique forme les soignants, autant que le font les études universitaires. Le compagnonnage avec les enfants et leurs familles marque définitivement le praticien que nous tendons tous à devenir. Ensemble pour comprendre pourquoi et comment être thérapeutique, empathique, avoir une rencontre d'humeur à humeur, une sorte d'identification au patient avec lequel nous construisons un chemin de vie.

J'ai choisi sept cas, peut-être pour leur difficulté ou leur évolution. Le récit se fera sur le mode du conte psychopathologique. Il est bien difficile d'éliminer de ma mémoire les milliers d'autres histoires cliniques qui méritent elles aussi de prendre place au sein de ce livre.

Il faut maintenant faire entrer en scène les personnages, en insistant sur l'importance de la « présentation », vieux terme des grands cliniciens du début du siècle, qui parlaient de l'effet produit lors de la première rencontre avec le patient. Quelles sont les défenses, les particularités et les qualités qui vous entraînent vers l'empathie nécessaire ?

En route pour la présentation du livret, des protagonistes des scènes de vie que vous allez rencontrer avec moi.

Le premier récit est celui de mon premier contact avec un nourrisson de neuf mois qui est maintenant une jeune femme de quarante ans, toujours enfoncée dans son monde autistique. Drôle de début pour un ouvrage qui se veut optimiste !

Pourquoi commencer ce livre par un cas non évolutif ? Parce qu'il est le socle et même l'origine de notre activité thérapeutique. Le Pr Daniel Widlöcher déclarait avec beaucoup de finesse, lors d'une de ses interventions, que « ce qui [le] surprenait dans l'autisme, ce n'était pas tant la pathologie que la fascination qu'exerce ce syndrome sur les pédopsychiatres ». Il pense juste car la question du développement (ici, plutôt du non-développement) se pose toujours aux accompagnateurs de vie et de progression psychomotrice que nous sommes. Nous ne pouvons être que sidérés, arrêtés par la fixité, l'immuabilité et le non-contact des enfants autistes. Après cette histoire triste et difficile sur le plan de la prise en charge, on ne peut que trouver faciles les autres cas.

Restons, malgré tout, dans les troubles du développement. Voilà que Jean-Jacques et ses parents entrent en scène. Pour cet enfant, la maladie ne fait aucun doute, alors que les causes et l'étiologie du trouble du cas précédent étaient inconnues à l'époque. Aujourd'hui, grâce aux progrès de l'imagerie cérébrale, on constate les dysfonctionnements cérébraux que la clinique de l'autisme nous montrait auparavant. Nous sommes passés d'une question à une maladie. Dans le cas de Jean-Jacques, le cerveau a été attaqué à la naissance par des crises répétitives d'épilepsie, comme si l'on fauchait le blé dès que les pousses apparaissent dans les prés. Cette démolition à l'origine de la vie psychique provoque des dégâts considérables et hypothèque définitivement les possibilités d'apprentissage, de sociabilité et l'autonomie.

La suite nous entraîne à la découverte d'une grand-mère marquée par la destinée et qui veut prendre sa revanche quelle que soit la difficulté du soutien. Incroyablement, elle réussit à faire progresser son petit-fils. Oh ! bien sûr, pas vers une normalisation, car le retard simple ne s'arrange jamais. Mais l'enfant progresse grâce à cette fusion tout à la fois critiquable et opérante. La route sera longue et se terminera dans un de mes lieux-cultes : le stade Mayol, fief de mon équipe de rugby. Vous haussez les sourcils, je le comprends. Que vient faire ce beau jeu dans cette épopée développementale ? Souvenez-vous du projet mis en place par les clubs de rugby, il y a quelque temps : un autiste, une équipe, pour que l'enfant en difficulté se fonde au sein du pack et soit partenaire de ce jeu si collectif.

L'autiste disparaît au milieu de ses camarades au sein d'une mêlée ouverte. Si la mêlée est la maison du ballon, serait-elle aussi un hôpital de jour ? Non, il ne s'agit pas de cela, mais d'une histoire plus banale, celle d'une cafétéria sauvage dans un CHU se prolongeant maintenant par une bière à trois à la troisième mi-temps. Si je n'ai pas aiguisé votre curiosité, c'est que je suis réellement incompétent.

On en vient ensuite au cas d'une jeune fille présentée comme une schizophrène et Dieu sait si elle y ressemble ! La relation thérapeutique, toujours difficile et parfois désespérante, va durer près de dix ans. Annie elle-même va me poser la question terrible de son diagnostic, me laissant pratiquement sans voix. En effet, se dégager d'une nosographie [1] qui enferme le sujet et le thérapeute dans une chronicité est un des fondements de l'activité thérapeutique. De façon surprenante, elle tiendra bon et me fera tenir le coup.

Ce long suivi est source d'espérance évolutive. L'intelligence d'Annie l'a aidée à se sortir du marasme psychique qui était le sien.

En ce sens, elle est proche de notre quatrième protagoniste, Aïcha, qui, elle aussi, est talentueuse sur le plan intellectuel, mais engagée et persécutée par un syndrome envahissant qui pollue son existence. Elle vomit près de trente fois par jour, oui, vous avez bien lu, trente fois. Si la prise en charge d'Annie fut longue, que dire des cinq années d'hospitalisation d'Aïcha ? Elle a traversé tous les lieux de soins, des plus rudes aux plus ouverts, et

---

1. Classification méthodique de la maladie selon des critères d'exclusion et de différences.

elle vient, au moment où j'écris ces lignes, de nous annoncer le début de sa carrière universitaire, elle qui pourtant avait arrêté peu ou prou ses études à l'âge de onze ans. Sans allusion diététique, si tout cela aiguise votre appétit de rencontre et que votre curiosité éclate, alors retrouvez-la !

Quand vous croiserez ensuite les vies d'Anne et Anna, vous ne pourrez pas ne pas penser à votre meilleur(e) ami(e) d'adolescence, ce personnage central qui était vous tout en étant lui (elle), et auquel vous prêtiez toutes les qualités que vous auriez aimé posséder vous-même. C'est aussi le face-à-face de deux terribles maladies : le cancer et l'anorexie. Drôle d'union ! Comment la rencontre fut-elle possible ? C'est la thématique de l'histoire que je vous propose, sachant qu'Anne nous y attend à la fin, avec son esprit caustique et sans concession.

Et voilà que se présente la figure, ô combien séduisante, de Paola. Vous ne pourrez résister au fait d'en tomber amoureux et, pour les filles, de rêver de sa vie fulgurante. Mais, me direz-vous, comment son talent peut-il être éparpillé du fait d'un diktat ou d'une mission d'ordre paternel ? Comment ne pas nouer d'affects alors que l'on en déborde ? Comment, de manière rapide, réaliser sa vie si on la met sans cesse en danger ? Pourquoi retourne-t-elle contre elle ses qualités, avec une violence parfaite et des capacités de destruction absolues ?

Le dernier tableau met en scène Manuel, enfant adopté, qui va en faire voir à ses parents. Tout au long du récit, vous le prendrez en grippe et souhaiterez ne plus entendre parler de lui. Vous vous irriterez comme je le fus de ses « je sais pas » ne permettant aucune avancée thérapeutique. Une question vous traverse l'esprit : comment le psy a-t-il fait pour tenir le coup ? Une des clefs, c'est Imperia, ville de Ligurie composée de villes jumelles, Oneglia et Porto Maurizio (au demeurant, escale préférée d'Éric Tabarly en Méditerranée), qui est le berceau de la famille de Manuel mais aussi de la mienne. Ce qui s'est joué entre ce garçon et moi, c'est cette parenté villageoise si présente chez nos frères corses. Cet imaginaire de cousinage qui fait que l'on peut tout accepter et tout comprendre des personnes qui ont partagé les couleurs, les odeurs et les fêtes votives inscrites dans leurs traditions familiales. Le problème est d'autant plus aigu que Manuel a vécu un double abandon. Il naît sous X. Aujourd'hui, on dit qu'il naît dans le secret. Lui sait tout de son passé, ce qui est une disposition inhabituelle. Alors, oui, cet enfant est insupportable. Mais il est de mon village et c'est pourquoi je vais l'accompagner. La description fouillée de sa famille confirmera la familiarité. Nous sommes bien loin de la neutralité bienveillante qui, ici, risquait de se transformer en hostilité éclatante. Nous sommes dans ce village de Ligurie, en pleine empathie sensible, comme dans une relation de voisinage.

J'ai toujours regretté qu'Émile Zola n'ait pu terminer *Les Rougon-Macquart* par un livre qui aurait mis en scène le personnage rédempteur né, dans le dernier tome, de cette famille d'alcooliques et de tarés. Au milieu de la description du jardin sublime et de la faute de l'abbé Mouret, surgit cet être qui, malgré toutes les tares génétiques, biologiques et un environnement funeste, va se positionner en rédempteur. Dans l'histoire de Manuel, une rédemptrice gersoise apparaîtra également. Elle est si sympathique qu'on l'adoptera en Ligurie. Cette histoire est tout autant la sienne que la mienne.

Il nous faut maintenant entrer dans les détails, dans l'intimité des personnages, et faire apparaître leurs couleurs. Vous ne pourrez pas facilement oublier ces sept récits, car vous y retrouverez des attitudes et des moments de vie qui sont peut-être les vôtres. Ce sont vos hypothèses qui m'intéressent, car une histoire n'a de sens que si elle résonne un peu comme une blessure personnelle. Je suis sûr que vous avez une chance, au détour d'une phrase, d'un titre, d'une situation ou d'un portrait, de vous reconnaître, même si ces sept cas sont redoutables. On lâche les amarres, en route.

Sophie : « La petite fille immobile »

Je n'oublierai jamais le décor du service de neuropédiatrie de notre première rencontre. Sophie avait neuf mois. Ses parents semblaient honteux. Le patron m'interpelle devant la cohorte des étudiants amassés dans l'amphithéâtre, impudiques et voyeurs : « Elle n'a aucun signe neurologique et pourtant elle ne se développe pas harmonieusement. Elle dort les yeux ouverts ; avec ses mains elle évoque une danseuse javanaise, sa tête heurte violemment les murs et le sol ; lorsqu'on la prend dans les bras, on a l'impression d'une poupée de chiffon. Fait étrange et inquiétant, elle a refusé dès les premiers jours le sein de sa mère et se nourrit maintenant trop vite ou extrêmement lentement. Au neuvième mois, le sourire n'est toujours pas acquis et elle évite le regard d'autrui. Alors, monsieur le pédopsychiatre, que faut-il en penser et surtout que proposer aux parents ? »

Cette violence extrême me fait tout de suite sentir le rejet du monde médical associé au rejet du monde tout court que le nourrisson manifeste. On dirait qu'elle est inscrite dans le plus grand archaïsme psychologique, celui d'avant la naissance.

Je sors véritablement écrasé par l'autorité du chef de service et entame avec Amélia, la psychologue de l'unité, une discussion avec ce trio, le bébé et ses parents, en étant très mal à l'aise. Cette spécialiste avait une qualité de contact et une disponibilité sans égales. Nous partons du postulat théorique et faux que le « désir des parents » vis-à-vis de ce bébé est peut-être la cause et la conséquence de ce trouble évolutif. La mère éclate alors en sanglots. Elle est venue de loin pour consulter et a mis toute son espérance dans cette rencontre avec les « sachants » qui se retournent finalement contre elle. Pour se défendre, le père manifeste une agressivité à fleur de peau. C'est lui qui porte sa fille dans les bras et s'adresse à elle en criant : « Fais un effort, bon sang ! » Puis il la met avec brutalité dans ceux de sa femme.

J'ai envie de m'excuser et leur dis : « Je ne sais pas pourquoi votre fille ne se développe pas harmonieusement. » Paradoxalement, cet aveu d'impuissance, sous le regard étonné et un peu maternel d'Amélia, détend l'atmosphère. C'est la mère qui vient à mon aide : « Moi non plus, et je suis pourtant sa maman. » Le père, dans une ultime défense pour masquer son désarroi, attaque alors la partie maternelle car il y a dans la famille de celle-ci une vieille tante célibataire mystique. Il cherche une responsabilité de ce côté. Avec une certaine force, croisant mon regard, me défiant, alors que Sophie détourne sans cesse le sien et que je n'arrive pas à l'accrocher, il me demande de façon précipitée : « Que proposez-vous, bon sang ? » Avec toute ma mégalomanie de l'époque, je leur répète qu'il faut que l'on se rencontre pour comprendre et aider cette enfant. Je viens de signer un acte notarié psychologique qui ne pourra plus s'arrêter. Le père me tend la main, la maman me sourit, la psychologue acquiesce et Sophie reste distante et lointaine.

Je décide de nous réunir trois fois par semaine : la maman l'amènerait, le père serait parfois présent aux entretiens, les grands-parents aussi étaient invités à participer aux entrevues.

Le premier mois fut extrêmement douloureux car, passé l'étonnement de cette rupture de contact, la multiplicité des rencontres me faisait mieux comprendre le redoutable vécu des parents. Rien ne se passait, rien n'évoluait, rien ne changeait. Je finis par éprouver une hostilité semblable à celle manifestée par le père lors de notre premier rendez-vous : « On risque toujours d'en vouloir à celui qui ne se laisse pas guérir. » Cet aphorisme d'un de nos maîtres, René Diatkine, résonnait si fort dans ma tête que j'y repensais chaque fois que je voyais Sophie, et cela me faisait tenir bon. Elle maîtrisait une distance et paraissait invincible sur le plan de la rupture de contact. La mère me parla longuement de sa grossesse. Celle-ci avait été précédée d'un avortement médical, au sixième mois, d'une petite fille qui aurait dû naître avant Sophie. Plus je l'interrogeais sur cet épisode, plus la culpabilité de cette femme paraissait s'aggraver. Le fantôme de cette petite fille imaginaire semblait mettre encore plus à distance la petite fille réelle, Sophie, totalement « autistisée ».

La mère me raconte aussi le décès de sa sœur aînée, morte brutalement à l'âge de huit ans, qui aurait eu de gros troubles du langage. Les causes de sa mort avaient été occultées. Elle avait été retrouvée étouffée dans son lit au petit matin. L'hypothèse d'un passage à l'acte, d'un meurtre intime et caché, n'était pas exclue, mais là encore, je risquais de fragiliser cette mère déjà si culpabilisée par le trouble relationnel et le contact qu'elle n'arrivait pas à établir avec sa fille. Elle me parle aussi des brutalités de son mari, qui frappait Sophie, espérant les pleurs comme un signe de contact.

Un fait très inquiétant me fut également révélé : on trouve toujours dans l'environnement proche ou amical des propositions radicales ; souvent, les amis ou parents décèlent une cause au trouble du développement et proposent des solutions assez étranges. Ainsi, un soir, on avait laissé Sophie dans une cabane dans la forêt ; une autre fois, on l'avait jetée dans un torrent d'eau glacée où elle n'avait manifesté ni crainte, ni effroi, ni pleurs. Aujourd'hui, ces pratiques justifieraient un signalement. Mais, en ces temps anciens, ce dispositif n'était pas mis en place et la récolte de ces signes cliniques attestait davantage, dans notre esprit, une souffrance de la part des parents qu'une maltraitance pourtant bien effective. On retrouve une maltraitance de la part de son frère aîné et de sa sœur qui la pinçaient, la griffaient pour qu'elle réagisse. Cette fraternité hostile ne la faisait pas davantage sortir de son isolement.

Au bout de six mois, les relations sont devenues si proches avec la famille que je me suis autorisé alors à leur proposer une rencontre à leur domicile.

Ils habitent au rez-de-chaussée d'un immeuble social dans une banlieue marseillaise ouvrière. L'appartement est triste et pauvre, un coucou ridicule, ramené par un oncle de Suisse, aggrave et rehausse la pauvreté de la décoration. Au milieu de l'entrée, un portemanteau trône. Sophie se tape la nuque sur l'angle en fer de la base de ce meuble. Le bruit métallique résonne et retentit d'une façon étrange ; en sonnant à la porte, on entend le bruit de la tête de l'enfant. Dans la cuisine, il y a des meubles jaunes avec des rayures noires, ces traits paraissent la fasciner et elle suit les lignes avec ses doigts, mais dès que l'on perçoit qu'elle effectue ce qui peut être une forme antique de jeu, elle se met à se balancer avec un bruxisme, grince des dents pour rompre la communication si fragile qui risque de s'établir. Dans la salle à manger, avec des chaises en paille arrachée qu'elle mord et déchire avec ses ongles, elle tournoie sur un genou, toujours le gauche, en se tapant la tempe avec son autre bras, se hausse sur la pointe des pieds et tourne de manière continue autour de la table. Dans la cuisine, une cafetière fonctionne en permanence ; le sifflement l'intéresse visiblement plus que les mots, et les parents ont besoin de ce breuvage pour accompagner les étranges troubles du sommeil de l'enfant, de type balancements et *jactatio capitis* [1], qui occupent toutes leurs nuits. Elle dort les yeux éveillés, en se balançant sans cesse, avec une rythmie particulière, toujours la même. Sa chambre, évidemment pastel, est peuplée de jouets jamais investis mais surtout parasitée par des bouts de bois qu'on ramassait dans la campagne : elle les prend et tapote avec beaucoup de dextérité son autre main, sans simuler un jeu d'épée. Elle ne supporte pas qu'on lui retire ces morceaux de bois, comme si on lui supprimait une part d'elle-même. Elle tape très fort son crâne contre un miroir. Les parents craignent qu'elle ne se blesse mais le laissent cependant en place. Elle flaire aussi tous les bords de la pièce, explorant les odeurs intimes dès l'arrivée d'un tiers. C'est son seul contact. Elle circule en rasant les murs, ne traversant jamais l'espace qui lui est dédié. Dans sa chambre trône une photo d'elle, nourrisson. On est frappé par le regard déjà étrange, lointain. Sa mère la tient dans les bras, le nouveau-né est un

1. Rythmies du sommeil qui surviennent à la transition veille-sommeil.

peu tendu, avec une sorte de mise à distance, de tension vis-à-vis d'elle. Elle nous ignore totalement dans son espace, mais il semble qu'elle y ait des repères, des signes de piste ; par exemple, elle regarde couler la chasse d'eau des W.-C. ou le robinet de la cuisine avec un intérêt majeur, alors qu'elle se désintéresse totalement de l'environnement.

On ne peut s'empêcher, en l'observant, d'évoquer le travail de Fernand Deligny, poète et éducateur des Cévennes. Il étudiait les traces répétitives des autistes qu'on lui confiait dans la campagne environnant sa bergerie, permettant une sorte de dialogue et de signe avec ces enfants démunis de communication.

Sophie ne mange que des aliments mixés. Elle est visiblement terrorisée par l'introduction de morceaux qui représentent le monde extérieur, morceaux qu'elle rejette.

Après une année de prise en charge, nous avons trouvé une crèche qui l'acceptait et la mère, malgré toutes ses inquiétudes, suivit nos propositions. Il fallait aussi une gratuité parce que les parents n'avaient pas les moyens de régler les frais de l'établissement. Une assistante sociale de secteur nous aida et cela fut rendu possible. Le premier jour de crèche, nous avons décidé d'accompagner Sophie pour voir si la sociabilisation changeait quelque chose à son contact habituel, et heureusement que nous étions là : ce fut terrible, elle poussa des cris stridents, sans cesser de taper avec violence sa tête contre les carreaux du sol. Tous les enfants se mirent à pleurer et à fuir. Le personnel, au début intéressé, passa de la fascination au rejet. Dans les jours qui suivirent, un certain nombre de membres de l'équipe signèrent une pétition pour refuser l'enfant. Une gentille auxiliaire de puériculture, remarquable dans le travail, essaya doucement de l'approcher, mais elle échoua aussi. Bien que cet essai se fût soldé par un échec, nous décidâmes de le réitérer.

Sophie commença, le lendemain de la mise à la crèche, à se mutiler en mordant furieusement son poignet gauche. Ainsi, elle rejetait une partie de son corps en rejetant le monde. Ce soir-là, le père me dit qu'il pensait que « tout était foutu ». La mère me confia qu'« elle ne voulait plus d'enfant ». La tante mystique proposa qu'on la baigne dans de l'eau bénite ! Nous avions, avec la psychologue et l'assistante sociale du secteur, l'impression d'un échec, d'une incapacité totale à les aider, elle et sa famille.

Il ne restait plus que le mythique hôpital de jour que j'avais mis en place pour elle et deux autres enfants présentant une pathologie similaire. Tous avaient moins de trois ans. Ils présentaient de très graves troubles du développement, et je pensais qu'une intervention précoce pouvait leur offrir des chances plus importantes. À ce moment-là, les parents rompirent une première fois avec moi et se rapprochèrent d'une autre équipe, qui pratiqua un bilan neurologique, radiologique et biologique complet. Mais ils reprirent contact avec moi, du fait qu'après deux hospitalisations, aucun élément organique ou neurologique n'avait pu être retenu. De manière étonnante, Sophie ne réagissait « ni aux piqûres, ni à l'environnement, ni à la séparation ».

Notre équipe s'était alors enrichie de trois puéricultrices. Elles étaient pleines d'énergie, de talent, d'espérance et de différences. Il était temps que, avec notre amie psychologue, nous soyons soutenus. J'avais décidé d'un travail conjoint avec la mère pour lui éviter le sentiment d'être dépossédée. Si, par bonheur, un succès apparaissait, il était important qu'il soit le sien et non pas celui de l'équipe. J'avais réparti les trois enfants selon les caractéristiques structurales et psychologiques de ces remarquables collaboratrices : un opposant plutôt tonique avec celle qui avait le plus mauvais caractère ! Un garçon qui paraissait ne pas pouvoir accéder au langage avec une « bavarde ». Pour Sophie, la plus douce, la plus repliée, un peu timide et mutique, mais visiblement tendre, d'entrée de jeu, avec l'enfant.

Chacune des puéricultrices s'occupait durant toute la journée de « son » enfant. L'époque était sous la coupe autoritaire de Bruno Bettelheim et de *La Forteresse vide*, mais aussi de Maud Mannoni avec sa proposition de « vivre à Bonneuil ».

Nous nous réunissions tous les jeudis : les soignants, les parents et les enfants. Une visite à domicile était organisée le week-end. Il y avait aussi une prise en charge psychologique individuelle par enfant, la psychothérapeute étant libre de nous décrire ou non son travail. Les enfants bénéficiaient également d'une prise en charge psychomotrice et orthophonique, et j'animais une réunion de groupe avec eux une fois par semaine. Les deux garçons firent assez vite des progrès et il fallut que l'on interrompe les réunions des six parents car ceux de Sophie souffraient de voir la fixité des symptômes de leur fille. Lors d'une séance avec les trois enfants, un des garçons avait encouragé Sophie à se taper la tête contre le mur, avec violence, parce qu'il avait repéré son symptôme. Je le saisis à bras-le-corps en criant et en le grondant. Il était sidéré, véritablement apeuré, pendant que l'autre garçon s'était réfugié en hurlant dans un coin de la pièce. Sophie était absente de ce conflit qu'elle avait pourtant déclenché.

Puis d'autres enfants avaient rejoint le service et, à cette époque, nous effectuions une séance de marionnettes hebdomadaire en présence des soignants et des enseignants. Lors d'une réunion de groupe, je proposai à Sophie toutes les marionnettes, toujours sacrées pour les enfants. Elle resta dans la même attitude, tenant un morceau de bois, et ne regarda jamais ces jouets pourtant merveilleusement colorés, agréables et doux. Elle ne pouvait être intégrée ni à l'école du service, ni à l'école maternelle extérieure qui recueillait cependant un grand nombre d'enfants bien difficiles. Elle était accompagnée par le même chauffeur de taxi mais ne manifestait à son égard aucune intimité.

Un soir, le père, excédé, vint nous confier les idées morbides qu'il ressentait à l'égard de sa fille, retrouvant là la tragique histoire familiale. À Noël, ses parents l'oublièrent volontairement dans le service car le père avait interdit à sa femme de venir la chercher. En raccompagnant la petite fille chez elle, la mère en pleurs dit qu'elle ne pouvait rien faire. Cet oubli, plus encore que la menace, fut pour nous déterminant. Tout s'accéléra.

Un jour de pluie, le père eut un accident de vélomoteur et décéda au bout d'une semaine. La mère, folle de douleur, dans une situation difficile socialement et matériellement, envisagea de se suicider avec sa fille. C'est là que le placement fut décidé.

La puéricultrice vint dans mon bureau pour me supplier de retarder le départ de Sophie et me confia : « Je rêve toutes les nuits que cette petite fille me parle. » On peut comprendre à distance qu'il y ait une certaine gravité à engager ses équipes dans des processus de prise en charge si douloureux pour eux et que l'on risque gros pour leur propre économie psychique. Sophie fut confiée à une équipe d'éducateurs et d'éducatrices dans un internat spécialisé. Ce lieu, initialement refusé par les parents, finira par être accepté par la mère.

Au début, nous allions la voir régulièrement tous les mois, tous les six mois, puis tous les ans…

Ce lieu de vie la respecte dans sa communion limitée et son incapacité à tendre des liens. La mère décédera quelques années plus tard d'un cancer du sein, qu'elle imagina être une punition pour sa mauvaise maternité.

Sophie a maintenant quarante ans, ses yeux bleus évitent toujours notre regard. Elle effectue ce rituel de coups de tête et elle n'a plus de cheveux. Elle passe sa vie dans cet isolement cristallin comme si son inconscient était inversé tel un gant à l'envers. Elle est loin de nous, ne nous reconnaît pas, a vécu sa vie et la disparition de ses parents apparemment sans aucun affect.

Interprétation

On peut se demander pourquoi j'ai commencé ces histoires cliniques par un cas d'évolution aussi triste. Pourtant, le titre de l'ouvrage, *Tiens bon !*, se trouve ici pleinement justifié. En effet, lorsqu'on s'engage dans une activité de soins psychologiques, on a l'illusion de pouvoir tout résoudre et améliorer n'importe quelle situation. Peut-être suis-je encore, malgré ma longue pratique, dans cette position optimiste qui peut sembler naïve à certains de mes confrères ? Récemment, d'ailleurs, m'est revenue à la mémoire la question posée par l'un d'entre eux : « Crois-tu, Rufo, la schizophrénie curable et peut-il y avoir des changements favorables lors de son évolution ? » Sans même prendre le temps de réfléchir à la question, j'ai répondu oui. Les épreuves et les échecs n'ont jamais affaibli mon inébranlable optimisme. Bien au contraire, ils m'ont permis de camper sur l'idée qu'on peut accompagner les cas les plus lourds avec un suivi bienveillant. Je redoute toujours, dans les cas graves, que, pour vaincre ou maîtriser la maladie, l'on choisisse une prise en charge médicamenteuse en excluant tout soutien psychologique.

Revenons à Sophie, qui est vraiment l'illustration clinique d'un tableau d'autisme infantile primaire commençant dès le début de la vie. À l'époque de la rencontre, la position des équipes soignantes qui traitaient les enfants porteurs de cette pathologie consistait à rechercher les troubles dans l'accordage affectif avec la famille et notamment la mère. Cela entraînait souvent un terrible malentendu. Les parents, lorsqu'ils étaient interrogés, se sentaient coupables, responsables de ce terrible trouble du développement de l'enfant.

L'exemple vous en est fourni dans l'histoire par notre attitude avec Amélia, nos questions et l'immédiate réaction dépressive de la mère. En plus, nous étions tous inspirés par les modèles institutionnels décrits dans *La Forteresse vide* de Bruno Bettelheim ; il faudrait lire aussi *Le Dialogue avec les mères* qu'il a coécrit avec Geneviève Jurgensen. Nous nous rapprochions du texte de Maud Mannoni, *Un lieu pour vivre. Les enfants de Bonneuil, leurs parents et l'équipe de soignants*, et du placement bucolique dans les Cévennes de Fernand Deligny. Les choses ont totalement changé et plus rien maintenant ne peut se faire sans la collaboration et l'alliance des familles. Les associations ont mené un combat qu'elles ont gagné.

Sophie n'a pas évolué ; elle est, encore aujourd'hui, dans le même système de relation que lorsqu'elle avait neuf mois.

Une autre réflexion s'impose : celle de la responsabilité qui est la nôtre d'engager les équipes vers des tâches impossibles et de risquer de mettre nos collaborateurs en péril. En effet, souvenez-vous, la puéricultrice était devenue la mère fantasmatique de Sophie. Toutes les nuits, d'ailleurs, elle rêvait que l'enfant lui parlait.

J'ai choisi de débuter par ce cas car il est exemplaire pour le positionnement et l'évolution de la psychiatrie de l'enfant. Les questions que nous nous posons face aux enfants autistes nous ont permis d'organiser le système de soins dont nous disposons aujourd'hui. Ces enfants, leurs familles et la dureté de la non-évolution nous conduisent à améliorer sans cesse le dispositif d'accueil. Ainsi ont fleuri les hôpitaux de jour, les centres de ressource autisme (CRA) qui ont renoué les liens un peu trop distendus avec la neuropédiatrie, la génétique et la neuropsychologie.

Applaudissons également la création de lieux de vie où la prise en charge est possible, alors que tout le reste a échoué. L'aide-soignante qui partage le quotidien de Sophie est bien plus importante que le professeur de psychopathologie.

Jean-Jacques :
« Une belle troisième mi-temps »

Je suis « raide » de rugby. Ce jeu est vraiment pour moi une addiction. Le championnat terminé, j'attends la reprise pour me replonger en début de saison parmi mes amis, ma passion et ma fureur. Pourtant, je fus un pratiquant médiocre. Un joueur, malheureusement disparu, grand deuxième ligne devant l'Éternel, m'appelait d'ailleurs « épuisette » car je ratais tous les ballons d'essai qui m'étaient destinés. Peu m'importe, je me moque d'éventuelles critiques, je comprends parfaitement et de manière intime ce jeu. Je rêve toujours, comme Denis Tillinac, des épopées simplistes, du temps où le rugby était encore un jeu de village, les joueurs étant rétribués de quelques billets distribués à la fin du match, derrière l'église. Je sens les parfums de victoires du grand Lourdes et du pack titanesque de Béziers. Et mon compagnonnage avec Daniel Herrero, Alain Marcelli, Fanou Grisoli, Robert Téro, les dirigeants et tous les grands joueurs de l'équipe du Rugby-Club toulonnais des années 1980 fait que j'ai vécu physiquement et psychologiquement cette époque glorieuse. En 1987, après une soirée d'extrême beuverie, j'ai même ramené avec mes collègues le « bout de bois » à Toulon.

Interne des hôpitaux de Marseille, ceci constituait ma singularité : parler de rugby et non de l'OM dans les salles de garde, car, je vous l'ai dit, je suis « addictif », mais j'ai également, grâce à ce jeu, noué des relations thérapeutiques avec les parents et les enfants dont j'avais la charge. Le joueur de rugby que je fus, plus que moyen à une certaine époque, fit semblant d'être pédiatre. Heureusement, je fus soutenu par mes amis médecins, mon aîné Jean-Claude Combes, et mes pairs Rebuffel, Sitruck et Bensoussan, qui me suppléaient lors de mes manques. Pierrette Vitasse, la puissante surveillante qui enfouissait entre ses seins les bébés auxquels on devait pratiquer une ponction lombaire, me disait gentiment pendant les visites : « Je prescrirais ces médicaments si j'étais docteur », et j'appliquais sa prescription. Merci aussi à toutes les puéricultrices qui m'ont soutenu, merci très fort à distance.

À l'ouverture de l'hôpital de la Timone, à Marseille, je fis un choix dans le service de pédiatrie du Pr Bernard. Il m'honorait d'une double confiance : en voile sur son vieux cotre breton, l'*Aventure*, avec lequel nous allions tirer des bords dans la rade de Marseille. Arrivant alors en retard aux réunions de synthèse du service, il s'excusait, et moi « je balançais » devant ses collaborateurs et mes collègues médusés. Mais surtout en me mettant en position d'être le pédopsychiatre qu'il m'avait demandé d'être, alors que je ne l'étais pas encore.

L'hôpital comportait une unité singulière, peu choisie : huit chambres « parents-enfants ». À cette époque, les familles étaient plutôt exclues du service lors de la durée d'hospitalisation des enfants. Un curieux médecin disait même aux parents de « ne plus venir, ainsi ils vous oublieront et pourront être bien soignés » ! Il présentait d'autres traits pathologiques, comme celui de taper brutalement sur les couveuses pour vérifier la réactivité des prématurés. De nos jours, je crois qu'une procédure serait engagée contre lui pour maltraitance psychique. Je me retrouve en poste sur ce lieu « parents-enfants » que mes camarades d'internat avaient délaissé. Ce service recevait des nouveau-nés très mal partis dans la vie. Ils présentaient pour la majorité de graves troubles neurologiques consistant en des crises épileptiques bien difficiles à contrôler. Les évolutions et le pronostic étaient terrifiants : 90 % d'évolution vers une arriération psychose : troubles du comportement, non-apparition du langage et de la propreté, absence totale d'autonomie et aucune possibilité d'intégration scolaire.

Ma fraîcheur et mes incompétences m'ont sans doute été utiles dans mes fonctions au sein de ce service difficile. Je ne sais si j'aurais aujourd'hui la force psychique de le supporter. Mes inquiétudes vont transparaître malgré tout puisque je vais fermer une chambre pour la transformer en cafétéria. Cela en droite ligne avec le rugby et les troisièmes mi-temps dans les bars, où, vous l'avez bien compris, j'excellais plus que sur les terrains. Créer ce lieu de convivialité et d'égalité entre les soignants, les patients et leurs familles a pu paraître une aberration. Cette idée utopique a été acceptée par le chef de service. Moi, je rêvais d'une généralisation de ce procédé à tous les hôpitaux de France.

Un bébé de trois mois, Jean-Jacques, fut hospitalisé avec ses parents dans cette unité. Il présentait des crises comitiales subintrantes [1], « il était une crise ». Les parents débordaient de chaleur et d'affection, ce qui était d'autant plus remarquable que le bébé, du fait de sa pathologie organique, s'enfonçait dans un repli autistique majeur. Il ne souriait ni ne communiquait. De nombreux traitements furent essayés et n'eurent que des résultats partiels. Il convulsait et convulsait encore. J'avais l'impression de voir son équipement neuronal se détériorer, brûler, se détruire, comme si, après chaque état de mal comitial, il était toujours plus enfoncé dans le monde qu'il n'arrivait pas à contenir. Les parents luttaient et avaient eux-mêmes

1. Manifestations neurologiques avec ou sans trouble de la conscience, de survenue brutale, en relation avec une anomalie de l'activité électrique corticale.

appris à administrer les produits sous forme de suppositoires. Mais le nourrisson perdait chaque fois le peu qu'il avait acquis.

Sans le savoir et de manière empirique, je tissai dans ce lieu des liens indestructibles avec les familles hospitalisées. Je crois que cette cafétéria, implantée au sein de l'hôpital, a même été déterminante dans la fidélité de nos relations. Je quittai avec soulagement cette unité au bout de six mois. Mais singulièrement, je reçus toujours des nouvelles de la part des parents que j'avais accompagnés. Lorsqu'ils revenaient en consultation voir le chef de service de neuropédiatrie, ils ne manquaient pas de me saluer alors que je n'avais plus d'autorité soignante. Ils me demandaient mon avis sur l'évolution psycho-développementale de leurs enfants. Soutenu par la psychologue, nous faisions ce que nous pouvions, c'est-à-dire pas grand-chose car nous pensions que nos apports étaient bien accessoires face à la puissance de la maladie neurologique.

Ce fut bien difficile pour Jean-Jacques. Il ne fut intégré à l'école maternelle qu'un petit mois, à l'âge de quatre ans, car son admission avait été retardée. Bien qu'accompagné d'un agent d'intégration, les épisodes de « grand mal » épileptique qu'il présentait au sein de l'école effrayaient les enseignants, le personnel, les enfants scolarisés et l'ensemble des parents. Sa grand-mère maternelle décida alors de s'en occuper seule et les parents acceptèrent cette proposition. Comment expliquer un tel courage et un tel dévouement ? La vie de cette femme avait été marquée par un long accompagnement de son époux qui était resté dans un état quasi végétatif à la suite d'une rupture d'anévrisme cérébral, alors que la mère de Jean-Jacques était âgée de six ans. Celle-ci crut par la suite que tous les hommes étaient touchés sur le plan cérébral, son petit-fils justifiant le malheur du grand-père. Elle portait une culpabilité mythique de transmission de la pathologie. La grand-mère gardera son époux trente ans chez elle, assurant sa survie, le nettoyant, le nourrissant et dormant aussi, toutes les nuits, corps contre corps. Elle se disait, à juste titre, capable de s'occuper de son petit-fils, car elle n'avait plus la charge de son époux décédé précisément d'une crise d'épilepsie terminale.

En dehors d'un placement en hôpital spécialisé, il n'y avait pas de lieu d'accueil pour cet enfant. Les parents, entre-temps, avaient eu une petite fille dont la naissance et le parfait développement furent pour la famille une véritable bénédiction. À noter que cette petite fille est devenue, à l'âge adulte, psychomotricienne en service de neuropédiatrie.

J'ai eu l'occasion de revoir Jean-Jacques tous les six mois, lors du suivi familial, pendant que sa grand-mère le gardait. Indiscutablement et malgré quelques critiques (elle dormait avec lui pour mieux sentir, dit-elle, le déclenchement des crises d'épilepsie), l'enfant progressait. Tout paraissait pourtant défavorable : le curieux investissement de la grand-mère, l'extraordinaire fusion morbide et le relatif abandon des parents au bénéfice bien naturel de la petite sœur. On a même pu noter, vers l'âge de cinq ans, l'apparition de quelques mots sur un mode écholalique[1] qui permettait d'organiser un espace ludique. Amélia et moi étions sidérés.

Mais le destin funeste allait encore frapper cette famille sympathique. La grand-mère décéda brutalement d'un accident vasculaire cérébral ; comme dira la mère, « elle a dû être contaminée ». Elle fut retrouvée morte, l'enfant jouant à ses côtés avec des aiguilles à tricoter qu'il agitait de manière compulsive. Elle n'avait pu terminer une chaussette qu'il mâchonnait. Il ne manifesta aucune souffrance à la disparition de cette tutrice toute-puissante qui organisait sa vie. En plein désarroi, la mère dut cesser son travail d'employée dans un magasin de fleurs pour s'occuper de l'enfant. Il exprima alors une véritable agressivité mais surtout une auto-agressivité, se mordant violemment le bras, toujours du même côté, entretenant ainsi une plaie sanglante. Il fut décidé, avec la psychologue, d'un placement de l'enfant, tout autant pour l'équilibre psychique de la mère que pour l'évolution de sa sœur.

Paradoxalement, le père fut longtemps opposé à cette démarche. Il était employé municipal et

1. Répétition machinale de paroles.

proposa à son épouse de reprendre son activité de fleuriste, décidant pour sa part d'arrêter son travail pour garder l'enfant. C'est la petite sœur qui fut décisive dans l'orientation ultérieure de Jean-Jacques. Le retour de son frère à la maison déclencha chez elle une énurésie nocturne et diurne, le médecin généraliste nous l'adressant en consultation pour cette symptomatologie. Elle avait quatre ans. Cette enfant me déclara lors d'une visite : « Je fais pipi pour être un bébé et ne plus voir mon frère qui sera jamais grand. » L'expression de cette souffrance entraînera le placement de Jean-Jacques. Il fut orienté vers un institut médico-psychologique en internat de semaine, avec retour un week-end sur deux dans sa famille. À l'âge de quatorze ans, il fut orienté en institut médico-professionnel, mais il fut dans l'impossibilité de bénéficier d'un centre d'aide par le travail. Il fut alors confié à un foyer occupationnel [1] où il se trouve depuis.

Le père maintient un lien très fort avec son fils, le couple mère-fille s'étant organisé pour son propre compte. Ainsi la mère a éliminé la malédiction masculine. Une fois par an, je suis informé que Jean-Jacques et son père seront présents au stade Mayol pour assister à un match. Ils savent bien que, pour m'attraper à coup sûr, mieux vaut

1. Établissement qui accueille des personnes adultes dont le handicap ne leur permet pas ou plus d'exercer une activité professionnelle.

venir au stade. Le père porte, comme son fils, les couleurs rouge et noir de mon club fétiche. Le garçon arbore la même casquette qui, au long des années, s'est un peu défraîchie et dont la taille n'est plus tout à fait adaptée. Dès la fin du match, nous allons tous les trois boire un coup dans un bistrot environnant : nous retournons à la cafétéria. Je n'échappe décidément jamais aux lieux intermédiaires. Jean-Jacques est visiblement ravi de cet instant et me tapote le bras droit en répétant : « Gagné, gagné », même si l'on a perdu. Son père est visiblement très fier de la relation qui s'instaure avec son fils. Le courage des combattants du pack contamine le père, lequel admire l'héroïsme de son fils qui aime participer à cette fête sportive. Tout se joue toujours, les matchs et l'accordage affectif.

Interprétation

Nous avons, tous et toutes, peur d'avoir un bébé malade dont le pronostic intellectuel serait engagé. Comment supporter son absence d'intégration, de captation du monde, le regard des autres ? On finit par détester cet enfant handicapé du fait de l'absence d'amour qu'il nous procure.

Nous devons aussi remarquer l'incroyable intervention d'une grand-mère, pourtant fragilisée par la vie, aux côtés de son mari invalide. Elle en avait puisé une force intense la rendant tout à fait adaptée pour s'occuper de son petit-fils. L'alliance du contact initial est davantage organisée par la présence permanente et bienveillante d'un personnage identifié comme bon objet de soin et d'accompagnement plus que par la compétence médicale ou spécialisée.

Il faut se rendre compte que le temps atténue tout, le père pouvant réapparaître alors que la lignée masculine est maudite. Le plus spectaculaire se trouve dans les réserves de fierté de ce fils pourtant invalide. C'est le plaisir d'une journée au stade, avec simplicité.

Le foyer occupationnel apparaît comme un lieu de vie possible quand toutes les espérances classiques se sont effondrées. Cela représente une leçon face aux petits soucis et tracas qui sont les nôtres et qui polluent parfois nos vies.

Annie :
« Une si longue prise en charge »

Avoir une mère qui tient bon et un père pompeux et suffisant peut piéger définitivement un psychothérapeute. Ce fut le cas d'Annie, que j'allais accompagner une dizaine d'années. Le père, puissant universitaire, avait des relations. Un de mes illustres maîtres me demande de les recevoir avec leur fille, car pour lui « elle est schizophrène, mais les parents, surtout la mère, ne veulent pas l'entendre ».

Ce diagnostic au couteau paraît évident dès le premier abord : physiquement, Annie est blonde, le teint pâle, longiligne avec des bras graciles. Loin de moi la position parfois délirante de la morphopsychologie [1], mais elle a juste un look étrange, un peu décalé et loin de la réalité. Elle évite mon regard, incline doucement et progressivement la tête en direction de sa mère comme pour chercher

1. Étude chez l'homme des correspondances entre la morphologie des traits du visage et la psychologie.

un appui qu'elle ne trouve pas. De manière très lente, elle finit par la poser sur l'épaule de celle-ci afin de se rassurer et de régresser. Étrange, non ? Sa voix est susurrante et elle la force un peu pour accentuer les aigus. Son visage s'allume alors d'un sourire inapproprié, discordant, venu d'ailleurs, et qui aggrave encore la mauvaise impression qu'elle provoque chez l'examinateur.

Le père, lui, grommelle « qu'elle doit faire des efforts, qu'elle est intelligente mais qu'elle n'utilise pas ses moyens intellectuels, qu'elle est jolie mais qu'aucun garçon ne s'intéressera jamais à elle si elle persiste dans ses comportements aberrants ». Tout était mélangé : l'incestuel, la séduction, le mépris et l'autoritarisme. J'avais bien envie de me dégager de cette rencontre en expliquant que je ne pourrais pas mobiliser des personnalités aussi fixées.

La mère, elle, ne parle pas et observe la scène comme si elle disséquait les protagonistes. Enseignante, elle est écrasée par le statut universitaire de son époux. Cependant, son regard brûle de critiques qu'elle n'arrive pas à exprimer. À la fin, pourtant, elle prend la parole pour me demander un accompagnement de sa fille, insistant sur l'idée que cela représenterait pour elle une « chance absolue » (c'est son terme exact).

Fusionnante et étonnante, la jeune fille embraye sur ce discours et, elle qui n'avait rien dit, déclare : « Je veux bien essayer. » Voilà un thérapeute piégé ou je ne m'y connais pas. De toute façon, on ne prête qu'aux riches, et mon optimisme incurable m'a souvent fait accepter de m'engager dans des aventures thérapeutiques où il ne faisait pas trop bon se lancer. En route pour une rencontre hebdomadaire. Dans la salle d'attente, la mère me salue d'un petit geste de la main tandis que la jeune fille me suit, rasant le mur, s'asseyant un peu loin de moi et répondant à une question sur dix. Tenir bon n'est pas là un luxe, vous en conviendrez avec moi. Pendant de longs mois, rien n'évolue. La mère ne manque aucun rendez-vous alors que je rêvais d'une absence, inconsciemment ou peut-être consciemment. Peu à peu, Annie se rapproche de moi dans la pièce de consultation. De manière stupéfiante, un jour, elle touche mon genou avec sa jambe et me pose la question suivante : « Croyez-vous que je suis schizophrène ? »

Je me suis alors souvenu d'un propos de Didier Anzieu qui me confiait que ses patients psychotiques descendaient du divan où ils avaient pris place et venaient coller leur dos contre sa jambe pendant les séances. Mais vint plutôt à mon secours l'image rassurante de mon maître, Arthur Tatossian. Alors que j'étais interne dans son service, un jeune garçon insupportable et très extraverti me demande de rencontrer le chef de service, prétextant qu'un « petit interne » comme moi ne pouvait rien comprendre à son désarroi. Je me rends au premier étage et transmets la requête au patron. Avec sa courtoisie naturelle et sa bonhomie, il me précise qu'il verra le patient au rez-de-chaussée à 14 heures. Il aurait pu me dire à minuit car, à cette époque, la nôtre, les internes vivaient à l'hôpital. Il se présente au jeune homme. Tatossian est arménien et très poilu. Lors de cette rencontre, le patient dit : « Je veux voir un patron, pas un singe. »

Sous l'insulte, « Tato » ne bronche pas et répond : « Je m'appelle Arthur Tatossian. Je suis à votre disposition pour vous parler, mais pas pour subir vos insultes. Au revoir, monsieur. »

Il tourne les talons avec ses souliers noirs toujours impeccablement cirés, garnis de fers sous la semelle. Du fait de la colère qui malgré tout l'envahit, il sort brutalement de la chambre et perd un fer dans le couloir. Alors qu'il veut le récupérer, plus prompt que lui, je saisis l'objet et il me remercie, confus et furieux. Je me retourne vers le garçon en lui lançant : « Je reviens, je m'occupe de toi. » « Tato » me prie de le raccompagner, avec une chaussure sans fer, ce qui aggrave sa démarche un peu pataude, comme celle d'un ours. Arrivés au premier étage, il me demande ce que signifie : « Je m'occupe de toi », et d'ajouter : « Tu sais, c'est un malade. »

Voilà de quoi calmer un interne impétueux qui ne maîtrise pas son contre-transfert sur un patient. Il m'entraîne dans son bureau et me dit : « Examine-moi comme si j'étais un schizophrène. » Je me colle au sujet, je cherche la fuite des idées, l'existence de barrages psychiques, le senti d'impressions corporelles étranges, la perte de son intégrité psychique. En somme, toutes les caractéristiques de cette psychose non systématisée. Il me propose alors cette réponse : « Oh ! là, là ! Je me sens de plus en plus schizophrène. Redescends dans le service et affine mieux ton diagnostic chez ce jeune garçon. »

Magnifique démonstration et enseignement prouvant la primauté de la clinique, du sens, et de l'interprétation qui protège notre pratique et met à mal tout le discours diagnostique porté avec rudesse sur un patient.

Revenons à la question d'Annie : « Suis-je schizophrène ? » La réponse « tatossianesque » me vient à l'esprit : « Si vous me posez la question, c'est que vous ne l'êtes pas mais que vous craignez cette maladie et les troubles psychiques associés. Peut-être vous protégez-vous dans une attitude défensive faite d'inhibition et d'hypermaîtrise ? » Quand j'ai fini de parler, je me demande si elle a compris. Elle retira alors sa jambe collée à la mienne et me sourit de façon appropriée. Elle n'a rien compris. Cependant, le piège thérapeutique est devenu définitif.

Quelques années vont s'écouler, et l'évolution d'Annie va en effet cautionner le discours du père sur ses capacités cognitives. Malgré son trouble majeur du contact, elle réussira ses études et passera même brillamment le bac. Elle se justifiera en déclarant que « l'écrit pour elle est peu difficile, mais l'oral ! ». Des moments particulièrement étranges vont scander son parcours, notamment une période de transitivisme[1] : « Je suis ici et ailleurs, l'impression d'être dans une pièce et de ne pas être là. » Ce qui est bien effrayant, inquiétant, et renvoie toujours au diagnostic morbide. Ce fut également difficile pour le psychothérapeute de supporter une période de mutisme de plusieurs mois, de voir quelqu'un qui ne parle pas, de tenir bon dans le silence alors que je suis naturellement bavard ! Au sortir de cet épisode, elle me confiera qu'elle ne voulait pas m'effrayer en me parlant des idées qui traversaient son esprit. Lesquelles ? Une coloration morbide envahissait son vécu, et un désir suicidaire permanent, majeur et palpable comme si elle sentait dans sa peau le goût de la mort. Elle avait été très impressionnée par un suicide médiatisé : celui d'une jeune fille qui avait entouré son visage d'une serviette imbibée d'essence avant de se mettre la tête dans la cheminée. La presse avait relaté de façon horrible et détaillée cet événement dramatique. Cette attirance morbide me rendit très attentif à ces longs silences.

Un été, elle vécut une histoire amoureuse, malheureusement brève. Elle ressentit alors une impression d'abandon et de manipulation érotique. Et enfin, elle me révéla avec pudeur une vraie liaison. À partir de ce moment-là, la mère n'accompagnera plus sa fille en consultation. Elle

1. Non-différenciation du sujet et du monde externe se traduisant par un transfert de sensation sur un personnage externe.

avait tenu bon plusieurs années mais passait maintenant le relais au jeune homme. C'est sans doute ça, une maman.

Un jour de début d'été, Annie m'annonça qu'elle ne reviendrait plus. Elle se sentait capable de vivre sans ce soutien hebdomadaire et pensait que l'on avait sans doute effectué des prolongations. Je n'ai rien pu dire, j'étais dans une espèce d'habitude de rencontre et je n'en envisageais pas la fin. Elle interpréta mon hésitation et, pour me soutenir, me dit : « Peut-être après les vacances. » Elle n'est pas revenue, ou plutôt si, plusieurs années après, pour me présenter son enfant qui, malgré un début de vie difficile, a eu un beau développement psychomoteur. Pour me dire adieu et enfouir le secret de notre relation thérapeutique.

Je trouve que ces dix années de parcours partagé nous ont permis de repousser le tableau inquiétant et de changer la donne. Je suis sûr de son évolution psychologique et je remercie la mère de la confiance qu'elle a eue en sa fille et en notre prise en charge. Annie n'était pas schizophrène.

J'ai reçu, récemment, un petit mot de sa main : « Je sais maintenant où j'habite, mon enfant va bien et j'aimerais bien qu'elle devienne pédopsychiatre. »

Interprétation

Au début d'une carrière en psychologie, on cherche absolument à se protéger par le diagnostic, la nosographie. On a besoin de cadre, de notions très médicales, mais il faut à tout prix en sortir pour espérer pouvoir soigner. Dans le cas de cette jeune fille, je suis mandaté par un de mes aînés pour confirmer un diagnostic qui paraissait vraisemblable. Il y avait mille raisons de penser qu'Annie était psychotique et qu'elle avait un trouble grave de la personnalité. Il y avait aussi mille raisons de l'orienter vers une stratégie de soins médicamenteux plutôt que de soins psychologiques. On sait pourtant que, dans la majorité des cas, les bonnes évolutions associent les médicaments et les psychothérapies. Mais je me suis situé davantage par rapport à la position de la mère et au contre-transfert sur le père.

Voilà une mère qui me demande de l'aider, un père autoritaire qui ne comprend rien et surtout une jeune fille qui adhère, dès le premier contact, à une rencontre qu'elle envisage positive avec moi.

Le reste a été très difficile, les signes sont réapparus, le mutisme longtemps prolongé a pu me faire désespérer, j'ai tellement souhaité qu'elle ne vienne plus, qu'elle disparaisse de ma vie et pourtant, elle a tenu bon. Elle m'a ainsi permis de tenir bon.

J'ai été très rassuré par l'apparition des garçons dans sa vie, ce contre-transfert étrange qu'elle faisait sur moi me mettait dans une position érotique insupportable, comme si j'étais le seul homme de sa vie qu'elle voyait régulièrement, le seul avec lequel elle pouvait avoir un contact. Sa jambe contre mon genou était une transgression étonnante dans une vie de thérapeute. Pourtant, grâce à la qualité de son compagnon, elle décidera de cesser les entretiens, alors que j'étais tombé dans une chronicisation absolue de nos rencontres.

Dans les questions de la difficile prise en charge qu'elle m'a posées, mes maîtres m'ont beaucoup aidé. Particulièrement Arthur Tatossian, qui, par sa tolérance et sa capacité de compréhension, m'a autorisé à répondre de manière confuse à son interrogation. Elle était persuadée que je ne la croyais pas schizophrène. J'aurais pu répondre, le lui confirmer, mais j'ai préféré tourner autour du pot car je pensais qu'elle l'était et j'avais encore peur du diagnostic.

La fin est étonnante. Qui aurait pu penser que cette jeune fille fragile, qui avait seize ans au début de notre rencontre, arriverait à s'investir dans une activité professionnelle de qualité, lui assurant une vie confortable ? Qui aurait pu penser également qu'elle saurait être une mère assez forte pour supporter un séjour en néonatologie de son enfant, dès la naissance ?

Elle n'a pas replongé dans ses méandres anxieux et déstructurants, et surtout elle me jette un dernier coup d'œil en espérant que sa fille exerce mon métier. Finalement, il y avait confusion, j'étais plus son père ou son grand-père que son petit camarade.

Aïcha : « Sortie de psy »

Imaginez-vous dans une belle villa, au Maroc, lors d'une soirée. Une jeune fille translucide s'approche de moi et me demande de l'aide. Aïcha va m'avouer qu'elle passe sa vie à vomir de manière incroyable : « Il m'arrive de vomir trente fois par jour. » Elle sait qu'elle risque un arrêt cardiaque subit. Elle a déjà été admise cinq ou six fois en service de réanimation pour effondrement potassique (le potassium est le matériau de la conductibilité cardiaque et assure le rythme cardiaque. Quand on vomit ou que l'on a une diarrhée importante, on perd d'abord du potassium et l'on risque un arrêt cardiaque).

Sa famille est totalement soutenante. Ses parents, bien que séparés, sont très attentifs. Il existe un conflit banal avec le beau-père mais elle a un lien indéfectible avec sa fratrie. Sa sœur lui confie souvent son bébé, son beau-frère, par sa gaieté, l'entoure de sa joie et ses deux frères lui gardent une confiance inébranlable : elle s'en sortira. Elle a seize ans. Elle est partie pour cinq années d'hospitalisation en milieu spécialisé. Le début des troubles se situe à l'âge de onze ans, année de la séparation de ses parents. Elle sera hospitalisée dans de nombreux services, passant des plus ouverts aux plus fermés. Finalement, elle sera prise en charge à Marseille où je la revois encore, avec son petit sac à dos, se rendre tous les après-midi dans les épiceries avoisinantes et s'approvisionner en aliments qu'elle ingurgitera et vomira consciencieusement et intégralement. Elle est tout à fait opérationnelle dans cet exercice : elle appuie sur son diaphragme et elle vomit. Longtemps elle campera sur un élément traumatique pour expliquer le début de sa maladie : une agression sexuelle, la bouche représentant un dégoût sexué. Elle décrit aussi des moqueries sur son aspect enrobé, en partie imaginaire. Mais, en profondeur, ce sont l'image de soi et la construction de son image corporelle qui sont en cause. J'en ai la preuve par ses raisonnements sur le trajet des aliments dans son corps, le gonflement de ses joues au niveau parotidien à la moindre prise de poids. Ses interprétations sont inexpugnables, totalement enfermées dans son psychisme, enchâssées dans sa façon d'être au monde. Le soutien est encore une fois permanent dans une famille sans faille affective. Elle a un vrai talent pour nouer des liens amicaux et relationnels qui pourraient l'aider à se sortir d'affaire, même s'il y a cette angoisse d'un accident cardiologique dû à son comportement.

Comment a-t-elle réussi à être sympathique alors que toute sa stratégie lui imposait des évitements, des mensonges répétés et des attitudes mêlant la fuite et le dégoût ? Sans doute grâce à son brio intellectuel malgré une scolarité interrompue, et à son milieu d'origine qui lui permet d'être un peu négligente sur le risque de désinsertion sociale.

Mais revenons au quotidien terrible qui fut le sien pendant de nombreuses années. Elle était totalement occupée, persécutée, envahie par l'engloutissement et l'expulsion de la nourriture. Il fallait qu'elle se remplisse pour se vider. Une véritable tyrannie des choses alimentaires et de leur dégoût. Dès le réveil, il lui fallait calculer ce qu'elle devait engloutir, la masse solide à avaler, le plus rapidement possible, et l'expulser n'importe où : dans les toilettes des chambres de ses amis cohospitalisés, dans la rue, dans le jardin ou dans les lieux qui lui paraissaient propices à cet effet. Le mécanisme en soi est déjà terrifiant. Plus inquiétante encore était la destruction de la représentation de soi de cette jeune fille. Elle n'avait plus de corps, elle le rejetait, de même qu'elle était terrorisée par l'éventuelle réapparition de ses règles. Elle mettait en avant l'agression initiale supposée mais plus vraisemblablement le fait que la séparation de ses parents avait interrompu chez elle la conquête naturelle de son identité sexuée.

Chaque matin, on savait et elle témoignait qu'elle allait mal. Toute sa stratégie était déterminée de manière à obtenir une sorte d'excuse de son comportement. Parfois le contre-transfert et l'animosité qu'elle entraînait faisaient qu'elle était prise en charge dans des lieux plus fermés pour la protéger. Mais le symptôme restait permanent et redoutable, et déjouait toutes les organisations qui lui étaient proposées.

Elle rencontra, lors d'une hospitalisation, une anorexique sur le chemin de la chronicité. Il se trouvait que cette jeune fille habitait dans la ville où résidait sa mère, ce qui leur permettait des liens extra-hospitaliers très favorables, en dehors de tout système de surveillance. Les soins étaient considérés par elles comme un flicage de leur vie.

Il y eut la rencontre avec une remarquable psychothérapeute, elle-même soucieuse de son poids et totalement engagée dans le soin des troubles alimentaires. Une alliée aussi dans le service qui savait la soutenir de manière amicale, complice et maternelle. Avec cette rigueur technique associée à une totale disponibilité et la présence permanente du soutien familial, Aïcha décidera seule de quitter l'hôpital où elle était placée depuis plusieurs années car elle se trouvait trop vieille, elle venait d'avoir vingt ans !

À ce moment crucial de son évolution, de sa prise de risques, un lien affectif avec sa petite nièce l'a accrochée à la vie et elle a repris alors des études interrompues depuis plusieurs années. Elle a réussi ses examens en candidate libre et libérée de l'hôpital. C'est d'autant plus étonnant que durant ces longues années d'hospitalisation, elle refusait tout travail scolaire. Elle pensera bien sûr à des études de psychologie, à une orientation vers la gestion et le commerce, du fait de l'activité familiale, pour finalement se diriger vers la diététique.

Une chose dont on peut être certain, c'est qu'elle réussira tout ce qu'elle voudra entreprendre. Elle téléphone parfois, pour dire que « ça continue un peu, qu'elle en a marre mais qu'elle tient ». Tout en prudence, en réserve, comme pour s'excuser de sa bonne évolution, ne pas affirmer sa guérison parce qu'elle craindrait alors que l'on ne s'occupe plus d'elle.

Aïcha est fidèle aux entretiens mensuels maintenus avec la psychothérapeute si compétente, présente et contenante. Ayant passé le permis de conduire, elle envisage un de ces jours d'effectuer le trajet, seule, pour se rendre à la consultation. Ses vomissements étaient l'expulsion d'une incertitude relationnelle et d'un manque très archaïque compensés par cette relation thérapeutique. Elle retourne souvent au Maroc où sa famille et sa fratrie l'accueillent toujours avec une grande joie. Son père sourit, retrouve l'optimisme qui le construit ; sa mère atteste de ses progrès permanents.

De temps en temps, elle m'appelle en me disant qu'elle ne va pas tout à fait bien, comme si je restais l'accompagnateur des soins permanents de cette longue période et que j'avais compris, en deçà du symptôme spectaculaire, l'importance de sa personne, sa personnalité et sa richesse. Cela s'inscrit dans une confiance mutuelle qui me rassure tout autant qu'elle. Au fait, elle vient de réussir son bac.

Interprétation

Résumer cinq années en quelques lignes paraît une gageure, mais parfois les prises en charge pour les symptomatologies les plus massives méritent une synthèse afin d'éviter les impressions.

Il fallait avancer avec Aïcha par petites touches et par l'obligation de tenir bon. Oui, exactement comme la remontée au près serré d'un vent défavorable. Je m'explique : lorsqu'on est contre le vent défavorable et que l'on vire de bord, on a un moment très particulier que l'on sent dans le navire, il risque d'être emporté. Le skipper qui commande la manœuvre dit à l'équipier qui a embraqué, c'est-à-dire qui a amené l'écoute du génois en un moment adéquat : « Tiens bon », « Tiens comme ça », pour recommencer en progression contre le vent et gagner en cap. C'est la métaphore pour tenir bon longtemps dans cette histoire : remonter dans le vent et arriver au port.

On finit même par éprouver une espèce de jouissance morbide dans la rigueur que cette allure nous impose. Alors on tient bon. Et puis le port arrivera juste après le feu rouge de bâbord et le feu vert de tribord. Le bateau glisse dans l'accalmie de la darse, dans le calme, nous sommes à l'amarrage et la lutte contre le vent se termine par une victoire, comme pour Aïcha.

Anne et Anna :
« Une chambre pour deux »

Anne est au bout de ses résistances, je dois l'hospitaliser. Son anorexie a pris le dessus. C'est elle qui maintenant gouverne et régit sa vie, ses décisions, annihile sa volonté et l'entraîne inexorablement vers la mort. J'ai rencontré cette jeune fille six mois auparavant et, comme souvent, elle voulait donner la meilleure image possible d'elle-même, alors qu'elle était profondément troublée par sa propre représentation physique.

Au début d'un printemps, elle avait entamé un régime avec sa mère, qui, elle, en fait depuis toujours. Anne réussissait cet exercice mieux que sa mère. Soyons d'accord une bonne fois pour toutes : un régime qui réussit est peut-être dangereux. Assez souvent, il échoue, au grand bonheur de certains nutritionnistes pour lesquels il faut sans cesse se remettre à l'ouvrage.

Au lycée, Anne avait deux amies. L'une, plutôt facile à vivre, avec des parents artistes : la mère, chanteuse soprano, et le père, peintre décorateur.

Fille unique, elle porte le prénom de Carmen, c'est le livret d'opéra préféré de la maman. L'autre, Mathilde, fille de militaire, est issue d'une famille nombreuse. Elle est très rigoureuse, c'est la meilleure élève des trois, en forte compétition avec Anne ; Carmen s'en fout. Elles sont en seconde au lycée et si Carmen est raide amoureuse d'un Estéban d'origine andalouse, les deux autres en sont toujours au stade du « lys dans la vallée » d'Honoré de Balzac. À noter que Mathilde, lors d'un pèlerinage à Lourdes, s'est fait coincer par un cousin de Gascogne au détour d'une meule de foin et qu'elle en rougit encore.

Anne, et cela est très spécifique, est froide de toute émotion sexuée. Elle nie son corps, sa féminité. Il y a quelque temps, je me suis heurté à un refus « poético-écologique » de la mère et du père : elle clamait son affection et le père pensait pouvoir aider Anne par son autorité naturelle. Sympathiques, ces deux parents, mais bien loin d'imaginer ce qui allait leur arriver : l'enfoncement progressif de leur fille dans une anorexie mentale. Dès notre rencontre, elle s'était présentée souriante pour donner d'elle l'impression la plus favorable : sourire à l'interlocuteur et acceptation de la maigritude, mais niant tout vomissement et refusant définitivement certains aliments considérés comme toxiques.

Elle avait, bien sûr, parcouru les trois stades de l'anorexie classique. La phase solide, d'abord, où l'on élimine le sucre, le gras, les pâtes, le riz et le pain, et où l'on compte les calories à la calorie près. Puis la phase liquide avec le thé vert : le liquide suffit mais en même temps épure le tube digestif. Ce breuvage est associé à la prise de dizaines de laxatifs par jour pour ne rien conserver. Le liquide d'en haut doit sortir par le bas. Finalement, le stade aérien : « Je compte le nombre de fois où je respire par minute pour respirer une fois de moins et ne pas grossir. » Récemment, une autre jeune fille m'a confié qu'elle se sentait flotter dans l'atmosphère, dans l'espace, n'ayant plus d'épaisseur, ne pesant plus rien, pouvant décoller comme une plume dans le vent. Cette incroyable irrationalité dans la bouche d'une étudiante en quatrième année de médecine !

Revenons à Anne. Elle est un peu trop maquillée, un peu trop souriante, mais pas encore assez effondrée pour que je pense à l'engager dans un soin à l'hôpital. Il peut paraître étonnant que je ne me sois pas encore intéressé à son poids, mais je ne veux pas l'agresser en début d'entretien. Je recule, laissant la porte ouverte à une évolution favorable à laquelle je ne crois pas. Il faut savoir vivre de micro défaites pour pouvoir créer une véritable alliance thérapeutique. Je suis en face d'un sujet qui est dans l'hypermaîtrise et il ne faut pas jouer sur le même registre. La suite va confirmer ma prédiction malheureuse.

Elle revient quelques semaines plus tard, totalement dénutrie. Cette fois, précisons-le, elle pèse 27 kilos pour 1,65 mètre. Les troubles ne sont plus dissimulés par le fard, ses cheveux sont fragiles, la pilosité chez elle est d'autant plus visible que ses membres sont décharnés. Ses règles ont disparu depuis plusieurs mois et, phénomène qui l'inquiète, elle n'arrive plus à travailler, à penser, à réfléchir. Paradoxalement, elle dit se sentir très bien et très forte, laissant Mathilde voler vers le succès scolaire ; elle est même débordée par Carmen, qui, habituellement, était toujours en deçà. En fait, elle est très abattue et éclate immédiatement en sanglots, me disant qu'il ne lui reste plus qu'à mourir et qu'elle ne le fait pas exprès, que la maladie hideuse, l'anorexie, qu'elle présentifie, a pris le pas sur elle, la commande et la domine.

Sa mère ne chante plus et son père est comme un joueur de cartes qui n'a plus d'atout à la fin de la partie. Devant ses sanglots répétés, je lui prends la main et lui promets que nous allons lutter contre sa maladie, qu'il faut l'hospitaliser et que, tout seul, je ne peux rien faire. Elle accepte d'abord, puis refuse. Je lui explique que la maladie lui impose son diktat et elle me confie de violents thèmes de mort et des envies de passage à l'acte qui la traversent depuis quelques jours : « J'ai peur de m'approcher de la fenêtre. Lorsque je vois arriver un bus, je me dis que je devrais en terminer, et une scène de chasse peinte par mon père me fait rêver de carabines. Je tuerais ainsi la maladie qui est en moi. »

Je pense alors à toutes ces jeunes filles (les statistiques internationales font état de 5 à 22 % de mortalité dans l'anorexie, dont une majorité par suicide, ce qui rend l'anorexie plus grave que certains cancers, tel le cancer lympho-ganglionnaire ou maladie de Hodgkin). Elles ont perdu leur combat et ont commis ce dernier acte, pas contre elles-mêmes mais contre la maladie. Non pas que je veuille justifier cet acte contre lequel je lutte depuis le début de ma carrière, mais simplement pour fournir une explication partielle aux familles endeuillées par la perte.

Les parents, en harmonie totale avec moi, vont l'aider et la soutenir. Le père la prend dans ses bras : « Que tu es maigre ! » Sa mère caresse ses cheveux et retrouve dans sa main une touffe arrachée. J'appelle le service, emporté que je suis par le climat d'alliance thérapeutique, ma mission d'initiateur est accomplie. Mais voilà que je n'ai pas de place ! Où l'hospitaliser ? Le service d'endocrinologie est trop rigoureux, à mille lieues de ma position concernant la prise en charge des patientes anorexiques, imposant un contrat de poids et une longue séparation d'avec la famille.

Le débat est toujours très vif sur la séparation, certains services de grande qualité la justifiant par le fait que cela aide l'adolescente à se reprendre et à comprendre que la toute-puissance l'entraîne vers un désastre. Mais je me suis toujours posé la question de savoir comment les parents peuvent comprendre, sans se sentir coupables, que leur

fille ira mieux si elle ne les voit pas. Il semble, malgré tout, que l'on avance beaucoup sur une attitude médiane entre ma radicalité de la non-séparation et une séparation aménagée.

D'autre part, elle est trop âgée pour un service de pédiatrie car, de manière étrange, au-delà de seize ans, on est adulte, alors que sur le plan juridique, on est couvert par l'autorité parentale jusqu'à dix-huit ans. Je ne me place ici que dans la position du soignant et ne discute ni l'émancipation, ni les grossesses adolescentes, ni les actes délictueux. Les pédiatres accueillent volontiers les patients plus jeunes, à l'âge du collège, ou même ceux qui souffrent de redoutables anorexies prépubères dont l'évolution entraîne souvent un nanisme anorexique (1,45 mètre à l'âge adulte) ; ces adolescentes flambent leur puberté par la maintenance de l'anorexie. La symphonie des glandes endocrines maîtrisées par le chef hypophysaire est mutique. C'est une symphonie silencieuse.

Je cherche désespérément un lit, sachant que je n'ai plus le choix et qu'il faut que je l'hospitalise. J'ai une possibilité de place en service de psychiatrie adulte, mais l'hétérogénéité des patients accueillis me fait reculer. J'en trouve finalement une dans un service de cancérologie pédiatrique dont je connais le patron, avec qui j'ai, depuis toujours, des relations amicales et sympathiques. En tant qu'aîné dans les hôpitaux, il me faisait confiance en m'adressant souvent des enfants

cancéreux ayant des problèmes psychologiques. Il accepte de la recevoir dans son service, dans une chambre à deux lits où est présente une jeune fille atteinte d'un lymphome très évolué, pratiquement hors de toute possibilité thérapeutique : Anna.

Je vais rencontrer cette jeune fille pour lui dire que j'ai besoin de son accord afin qu'Anne partage sa chambre. Je connais également depuis longtemps la surveillante de cette unité car elle a guidé mes pas d'interne en pédiatrie. Ravie de me voir, elle me rappelle qu'elle m'a beaucoup aidé lors de mes gardes (on ne saluera jamais assez l'importance des infirmières, puéricultrices, auxiliaires de puériculture, aides-soignantes, qui sont le socle du dispositif de soins hospitaliers). Elle m'avait notamment accompagné dans la mise en place d'une ludothèque au sein de l'hôpital d'enfants et admettait surtout mon originalité.

Anna est une adolescente épatante qui s'inquiète immédiatement de l'émoi que risque d'éprouver Anne en observant sa cachexie [1] : elle pèse 32 kilos et présente des troubles digestifs dus tout à la fois à sa maladie et à son traitement. Cela empêche chez elle toute tentative d'alimentation. Elle est sondée pour son confort : une sonde gastrique évite qu'elle vomisse après chaque ingurgitation. Elle s'amuse beaucoup du fait que je lui dise qu'elle est bien

---

1. État qui conduit le patient à une immobilité due à l'anorexie, l'asthénie ou l'anémie, mais aussi à une atteinte musculaire.

plus grosse qu'Anne et que je vais être obligé de la nourrir, elle aussi, par sonde. Je demande aux deux adolescentes de se téléphoner pour se mettre d'accord. Anne, soutenue par Anna, accepte cette hospitalisation douloureuse. Nous allons assister, étonnés et ravis, à la mise en place d'une superbe relation amicale. Les parents aussi entrent dans la danse. Nous rencontrons souvent les quatre parents en train de discuter à l'extérieur de la chambre, respectant l'intimité des adolescentes. Anna a un frère aîné, jaloux de sa sœur malade en raison de l'attention et de l'étayage bien naturels que ses parents lui apportent. Il va tomber immédiatement amoureux d'Anne. La relation amicale entre les deux adolescentes va sans cesse s'enrichir. Elles vont se présenter leurs amis. Mathilde arrivera avec un gâteau breton confectionné par sa grand-mère et Anne fera, ce jour-là, un effort pour le goûter. Carmen décrira à l'envi son Andalou et Anna, en titubant, esquissera des pas de flamenco. Les amis d'Anna vont aussi venir : Leïla, une jeune fille d'origine marocaine, qui entrera dans une véritable compétition culinaire entre les cornes de gazelle confectionnées par sa grand-mère et le far breton de celle de Mathilde. Souvent, les deux grands-mères nous demanderont quel était notre gâteau préféré, s'autorisant par ce biais à venir rencontrer les jeunes filles à l'hôpital ; elles échangeront même leurs recettes. Un jeune garçon, Rémi, fait aussi partie du groupe. Il ne parle qu'aux filles et déteste les sports de garçons. Il est chargé par

Anne et Anna d'aller choisir pour elles, à la vêtothèque, les robes les plus attrayantes pour les rencontres communes.

Très rapidement, Anne va s'inquiéter auprès de nous du pronostic d'Anna. Je demande alors au patron du service de la recevoir à titre confidentiel. Il joue le jeu et au lieu d'annoncer le diagnostic létal, il conclut ainsi son entretien : « Avec le cancer, on ne sait jamais, chaque cancéreux a un pronostic individuel. » Anne, en partie rassurée pour son amie, accepte le propos. De son côté, Anna nous demande, avec beaucoup de finesse, comment aider Anne à reconquérir son image. J'insiste alors sur la maladie, l'attaque de l'anorexie et le respect de l'anorexique. Elle me répond : « C'est vrai, je suis d'accord avec vous, c'est comme si l'on me disait, à moi, que je suis responsable de mon lymphome. » Cette phrase me touche profondément.

Les évolutions de ces deux jeunes filles vont malheureusement se croiser. Anna voulait devenir chercheuse en chimie pour trouver de nouveaux médicaments, on peut la comprendre. Anne hésitait dans son choix ; elle s'orienterait soit comme Mathilde vers une école de commerce, soit comme Carmen vers des études d'espagnol. Les deux jeunes filles se mirent à jouer à échanger leurs maladies. Anna était ravie d'être anorexique puisque je lui avais affirmé que c'était toujours curable, et Anne était totalement rassurée d'avoir enfin une vraie maladie.

Après la période magnifique de leur rencontre, le ciel va s'obscurcir car une métastase pulmonaire est découverte chez Anna et, au même moment, Anne, qui allait un peu mieux, présente un épisode de rechute en multipliant les vomissements, malgré la sonde. Elle nous confiera plus tard « ne pas vouloir aller mieux au risque de sortir du service en abandonnant son amie ». La maladie continuera son œuvre de destruction et Anna mourra le jour de l'anniversaire d'Anne. Elle lui prit la main et lui demanda de jurer « de guérir pour elle parce qu'elle le pouvait ». Tout le groupe d'amis était là ; le garçon, Rémi portait un foulard qu'Anna avait choisi. Les parents s'étaient mis un peu en retrait, Anna avait décidé, en effet, de faire la fête avec son groupe. Elle rira jusqu'au bout, se montrant courageuse, sublime et admirable. Dès le lendemain, Anne quittera le service d'oncologie où elle avait passé cinq mois. Elle refusera les avances du frère par fidélité à son amie disparue. Elle ne voulait pas que se télescopent la relation amoureuse et la relation amicale. Les parents sont restés proches et le frère a séduit Carmen, l'Andalou était trop loin et n'était plus accessible. Ils ont eu des jumelles qui s'appellent Anne et Anna. Elles se disputent sans arrêt, ce qui fait rêver Anne qui aurait tellement aimé avoir des conflits ultérieurs avec Anna : « C'est qu'elle serait encore là. »

Si j'ai des nouvelles de cette jeune anorexique guérie, c'est parce qu'elle a finalement choisi un métier qui lui convient parfaitement, à Marseille.

Que sont devenus les autres ? Mathilde a intégré l'armée et elle a épousé un officier de marine. Elle a cinq enfants et échange tous les jours avec ses amis sur Skype. Carmen, mère des jumelles, rêve toujours un peu de l'Andalou. Elle s'est d'ailleurs inscrite à la faculté des langues pour se perfectionner en espagnol, maintenant que ses filles sont grandes. Leïla a fait des études de comptabilité et invite souvent le groupe à Tanger où elle a racheté une maison familiale. Quant à Rémi, il assume son homosexualité, il est le parrain d'Anne, une des deux jumelles, qu'il adore et dont il est adoré.

Mais vous n'avez pas compris pourquoi j'ai toutes ces nouvelles. Anne a fait des études d'infirmière, puis de puéricultrice, et elle est maintenant cadre hospitalier dans le service d'hématologie où elle avait été hospitalisée. Elle n'a pas d'enfant et entretient une relation passionnelle avec un chercheur en hématologie qui souvent se trompe en l'appelant Anna, ce qui la met en joie.

Interprétation

Vous avez bien senti que j'ai une véritable admiration professionnelle concernant Anne. Elle sait en effet cumuler la réserve, la chaleur, le soutien et la présence, sans jamais être intrusive. Anna lui manque pour toujours, comme si la moitié d'elle-même était partie avec le lymphome. C'est vrai qu'à cette époque, à elles deux, elles auraient représenté un poids convenable ! Mais c'est surtout le processus de fidélité et de sublimation à travers le temps qui la caractérise. Le refus aussi de la relation amoureuse avec le frère d'Anna ; mais si son chercheur tarde trop, tout n'est pas totalement joué. Car elle n'a pas d'enfant, et avoir un enfant rappelant « chromosomiquement » son amie serait la preuve de la permanence biologique de celle-ci. Elle est le ciment du groupe. Par leur maladie, elles ont vécu une accélération d'autonomie lors de leur adolescence. La dernière scène, avec les parents légèrement en retrait, le confirme. Il faut que l'on salue à ce propos leur acceptation de mise à distance dans ce moment tragique.

Surtout, Anna m'a aidé à comprendre deux notions fondamentales. La première, celle de l'hétérogénéité : on peut mélanger les maladies en observant les liens qui s'instaurent entre les patients et peut-être même faire de la différence une force. La seconde, la gaieté. À aucun moment la tristesse ne s'est immiscée dans la relation entre ces deux jeunes filles. Ensemble, elles ont été dynamiques et combattantes jusqu'au bout. Anne a même rechuté pour rester près de son amie. Il me faut encore affirmer que les soins n'existent pas sans les infirmières. Anne manifeste tous les jours sa noblesse, son militantisme permanent pour la présence des parents, qu'elle accepte quel que soit le stade de l'affection du patient. Elle représente une garantie absolue pour le service qu'elle dirige. Elle stimule sans cesse son jules chercheur pour qu'il trouve enfin. Elle espère voir la fin du lymphome. Elle me confiait l'autre jour : « Quand vous étiez interne, les leucémiques mouraient dans 80 % des cas. Maintenant nous les guérissons dans 80 % des cas. Alors, pourquoi pas le lymphome ? » Anna est vivante chez Anne. Elle l'a acceptée dans sa chambre, elle qui présentait une maladie « noble », le cancer, alors que l'anorexie d'Anne n'attirait pas toujours la compassion. La relation de ces deux jeunes filles est un modèle absolu de cothérapie dont il faut utiliser la force dans les unités de soins.

Paola :
« La petite fille de la bibliothèque inutile »

C'est un de nos maîtres qui nous adresse Paola : « Je suis trop vieux, elle a besoin d'une identification projective plus en rapport avec son temps vécu. » Elle est enfant unique, née du deuxième mariage de son père, un chanteur célèbre.

Je rencontre d'abord les parents. Ils affirment clairement leurs différences de personnalité.

Le père manifeste des inquiétudes paternelles banales parasitées par les particularités de son métier. Il a fallu l'écouter longuement : « Est-ce que la psychothérapie ne va pas avoir une influence gênante pour un artiste, car je pense que la souffrance sert à la créativité ? »

Il ne s'est jamais véritablement occupé de sa jeune fille qui a maintenant seize ans, mais il se projette en elle : « Pourra-t-elle un jour exprimer comme moi sa sensibilité artistique ? »

La mère admire toujours le talent et le charme de cet homme qu'elle avait, dans les premiers temps de leur union, follement aimé. Elle a aujourd'hui vieilli et a beaucoup de mal à entourer cette enfant. Elle réagit différemment : « Ma fille est le fruit d'un amour passionnel, il faut qu'elle comprenne que, vu les relations de notre couple, aucune présence banale et répétitive ne peut lui être proposée. »

Voilà qui renforce mon désir de rencontrer et d'accompagner Paola.

Je reçois la jeune fille seule. D'emblée, elle me paraît peu accessible à un soutien psychologique. Elle se met en représentation pour exister et s'intégrer dans l'histoire d'amour disparu de ses parents.

Cette première entrevue s'inscrira pour toujours dans ma mémoire. Elle arrive affublée d'un boa, dit vouloir partir sitôt arrivée, changeant de ton, d'intonation et de prosodie[1]. Mais de cette théâtralité transpirent aussi l'anxiété, le doute de soi et le malaise. Il semble que sa mise en scène la protège du désarroi et du vide effectif qui l'entourent. Malgré le luxe de son milieu familial, son stress n'est en fait que le strass de sa carence et le clinquant voisin de sa pauvreté affective. Pour elle, devenir une femme est quasi impossible car elle dit : « Vieillir comme ma mère me pose tous les soirs un problème insoluble. » Nous voilà dans un conte de fées classique avec la question au miroir : « Suis-je la plus belle ? » La superficialité risque de masquer la souffrance sous-jacente.

1. Étude des phénomènes de l'accentuation et de l'intonation.

Elle décide de faire un bond dans sa vie. Alors qu'elle est une élève très brillante dans un établissement parisien de grande qualité, elle envisage d'arrêter ses études. Son intérêt pour la beauté lui fait envisager la création d'une entreprise de produits cosmétiques. Elle repousse, encore une fois, loin d'elle la crainte du vieillissement, voulant maîtriser le fil du temps de l'histoire arrêtée de ses parents. Le débit de son discours est saccadé. Elle ne laisse aucune possibilité de réflexion. Je subis un flot de lieux communs et de certitudes banales. Je laisse passer l'orage en attendant l'ouverture, un peu comme le pêcheur sous l'eau, à « l'agachon », qui verra passer le loup si désiré pour le flécher le moment venu. Je dois faire attention de ne pas dévoiler la moindre agressivité ou un quelconque soupçon de mépris car elle est très sensible sur ce qui peut lui paraître un sentiment défavorable. Pêle-mêle, elle évoque ses demi-frères et sœurs et les multiples amants de sa mère, dont un, marquant pour elle. Il était, dit-elle, « d'un milieu modeste et travaillait le bois ». Il lui avait fabriqué une minibibliothèque où s'accumulaient les livres, des contes de fées que sa mère ne lui avait jamais lus malgré ses promesses. Voilà l'accroche. L'ébéniste, c'est moi, et je vais essayer d'étayer tous les moyens maternels pour expliquer l'histrionisme [1] et la représentation théâtrale de cette jeune fille.

— Parle-moi de lui.

1. Recherche constante d'attention excessive.

Elle est sidérée qu'on lui coupe la parole car d'habitude, elle parle dans le vide, pour rien et sans doute pense-t-elle qu'on ne l'écoute jamais. J'insiste :

— Il est parti pourquoi ?

L'émotion apparaît chez elle. Elle se montre plus attentive et exprime cette hypothèse :

— Ma mère était jalouse de l'affection qu'il me portait.

Je lui propose de revenir sur son désir de déscolarisation :

— Si tu ne poursuis pas tes études, tu ne liras jamais les livres de la petite bibliothèque.

Elle est surprise par mon analyse et me dit que son père, le chanteur célèbre, répète à qui veut l'entendre que « l'école n'apprend rien, seules sa propre expérience et sa sensibilité sont les fondements de la réussite ».

— Est-ce que tu admires ton père ?

— Mais qui ne l'admire pas ?

— Je te demande, toi ?

— Je ne peux pas répondre à cette question. Mais j'aimerais vous revoir.

Surprenante proposition alors que je pensais qu'elle allait rejeter ma question. En effet, aller dans son doute et surtout faire douter de son père sont des sujets d'une grande difficulté. J'accepte de la revoir, un rendez-vous est pris pour la semaine suivante. Après cette première rencontre, je reçois deux coups de fil étonnants de la part des parents. La mère me dit que Paola est retournée au lycée après notre entrevue, ce dont je suis très satisfait. Le père, lui, me déclare qu'il est ravi que je partage son avis sur le peu d'importance des études. C'est là sans doute que le silence tranquille des psychiatres peut se révéler d'une véritable utilité. La suite va être moins simple.

Cette jeune fille va concentrer toute son énergie sur une destructivité permanente, redoutable et dangereuse.

Très vite, lors de nos rencontres suivantes, elle va me proposer une explication du pourquoi de son attitude, de sa démolition et de ses perspectives. Écoutez-la : « Enfant, je surveillais mes parents la nuit, j'écoutais ce qu'ils disaient, me réjouissais de leurs soupirs. Une nuit, je me souviens, c'était dans un beau village du Lubéron, Bonnieux, mon père dit à ma mère qu'il a une enfant qui a toutes les qualités dont il rêvait en tant que père. Ma mère, que je ne vois pas mais que j'imagine, lui caresse la joue et le prend dans ses bras. Puis ils s'endorment. Je retourne dans la chambre du haut, terrorisée par le mandat qui est le mien, je sais que je dois réussir tout ce qu'il veut pour moi, mais le doute s'installe à partir de cette nuit et ne va plus jamais me quitter. » Voilà bien une mission effrayante, plaçant cette jeune fille dans une conduite d'échec. Elle va jouir de la vie plutôt que de la vivre, tout y passe : séduction tous azimuts, toxicomanies multiples et mise en danger de façon répétée. Cela sera ponctué de périodes d'effondrement intense. Je vais décrire tous ces événements pour essayer de les relier ensuite.

Tout d'abord, des histoires d'amour désastreuses où Paola multiplie des aventures avec des hommes plus âgés, sans éprouver le moindre sentiment pour eux. J'ai souvent rêvé qu'elle s'attacherait à un homme plus jeune, mais elle n'était rassurée que par la puissance financière de ses partenaires. Peut-être l'image projetée d'un père riche comblant tous ses caprices. Dans ce monde d'argent, la cocaïne règne et participe au faux-semblant du bien-être imaginé, mais jamais obtenu. Elle s'étourdit dans des soirées où la poudre est un produit banal et de consommation courante. Quelquefois, sa vulnérabilité réapparaissait et on la retrouvait comme la petite fille de la bibliothèque inutile. Plusieurs de ses amis sont morts d'overdose, mais paradoxalement elle mit ces morts à distance, sans amitié ni affectivité. La voiture était pour elle un engin de risque et elle passait son temps à fracasser des véhicules de plus en plus chers dans des accidents de plus en plus violents. Au milieu de cet étrange monde factice, de nantis, où l'argent n'est pas un problème, on peut être étonné de sa fidélité pour nos rencontres.

Dans ce désordre et avec ses grandes capacités intellectuelles, elle va réussir ses examens. Une grande école va lui ouvrir ses portes : une école de commerce évidemment, où elle est complètement fascinée par le monde qui l'entoure. À son entrée, lors de la première soirée d'accueil, elle éblouit un de ses camarades. « Enfin », pense le thérapeute, mais elle ne s'attache pas à lui, me disant de manière très précise : « Peut-être que dans vingt ans, il sera intéressant, quand il sera chef d'entreprise. » On découvre le forçage impossible du verrou imposé par le diktat paternel.

Un sombre soir d'hiver, dans une station de ski huppée des Alpes, lors d'un échange de seringues, la maladie mortelle va lui être transmise. Une fatigue, inhabituelle chez elle qui était très dynamique et tonique, associée à des problèmes dermatologiques et l'apparition de plaques, la feront consulter. Les examens mettront en évidence sa séropositivité. Elle apparut, ce soir-là, comme une enfant ayant peur d'une simple piqûre ou redoutant une maladie plus pernicieuse. Elle évoqua aussi tous les enfants rencontrés en hématologie, qui, par leur maturité, leur adultisation, accéléraient le temps qui leur restait à vivre, pensant pouvoir ainsi le juguler.

Traitée dans un service spécialisé, elle va alors se transformer de manière très spectaculaire. Elle participe à l'action d'une fondation qui aide les personnes contaminées par le VIH et qui soutient les unités de soins palliatifs d'accompagnement en fin de vie. Animée d'une force incroyable, lors d'un stage proposé par son école, elle va s'engager auprès des enfants issus de parents séropositifs. Elle s'investit dans la création de nombreux lieux d'accueil pour ces enfants qui étaient stigmatisés et isolés des autres en crèche. Elle réussira d'ailleurs un projet assez extraordinaire en inscrivant cette structure dans un tissu social où l'on assistera à une mixité réelle des enfants malades et non malades. Elle me dira qu'elle n'aura jamais d'enfant, non pas à cause du risque de contamination, mais parce qu'elle se sent elle-même un enfant pour toujours.

La maladie l'emportera. Mon émotion sera grande à la lecture d'un courrier qui m'est destiné : « Merci d'avoir écouté et entendu, dès le début de nos rencontres, que la mission impossible proposée à une petite fille l'a pour toujours terrorisée et n'était peut-être, *in fine*, que jouable dans ce que j'ai réalisé. Cette maladie qui, un jour, sera vaincue, m'a guérie de ce mandat. Je suis enfin passée de moi aux autres. Il était temps. S'il vous plaît, pensez de temps en temps à moi et à ma petite bibliothèque. »

Interprétation

L'émotion m'envahit en évoquant sa vie. Cela me fait encore plus douloureusement sentir son absence. Comment tant de qualités, de beauté et d'inventivité n'ont-elles pas pu la protéger de la chute et de l'effondrement dus sans doute aux conduites à risques qu'elle a multipliées ? Bien sûr, son père comptait sur elle, mais quels parents ou grands-parents ne projettent pas sur leurs enfants ou leurs petits-enfants les rêves de succès, de carrière ou de belle vie qu'ils n'ont pu réaliser eux-mêmes ?

Il existait, au sein du couple, cette passion et ce jeu amoureux complexe qui, sans doute, laissaient à Paola peu de place pour exister. Voilà la clef ! Quel que fût son talent, elle était très vulnérable. Ni l'intelligence, ni l'origine sociale, ni notre propre construction psychique ne nous protègent d'une fragilité personnelle qui, selon les circonstances, les événements ou les rencontres, va éclater. Elle avait toutes les chances d'une belle vie. Elle aurait pu rencontrer, dès l'adolescence, un garçon qui l'aime et qu'elle aurait aimé. Au contraire, elle s'est engagée dans des relations avec des pères incestueux pour retrouver à l'envers une relation œdipienne mal construite et impossible à organiser avec son père. La rencontre avec les produits toxiques lui permet de rêver sa vie. À ce propos, je n'insisterai jamais assez sur mon hostilité envers la dépénalisation des drogues, même celles dites douces, qui sont en fait dures lorsqu'on en consomme beaucoup ou que l'on est obligé de passer par elles pour croire que l'on se sent bien.

Alors, elle théâtralisa sa vie, nous racontant des histoires fumeuses pour éviter les drames qui l'entouraient et dont elle n'osait parler : la mort par overdose de plusieurs de ses amis. Mais la jeunesse se sent toujours invulnérable et les plus vulnérables tombent dans les pièges compensatoires des addictions.

Ses succès universitaires auraient pu lui donner confiance. Mais parfois une victoire masque une vraie fragilité. Le pli morbide est engagé et va aboutir à l'échange mortel de seringues contaminées. Elle aurait mérité une vie plus simple et remplie de tendresse : une petite bibliothèque, un père pudique et une mère qui lit des contes de fées. Elle avait tout mais n'avait, en fait, pas grand-chose. Elle réussira quand même, grâce à son talent, son militantisme exceptionnel, à mettre en place ce dispositif pour les enfants issus de parents séropositifs. Très rapidement, alors que d'autres mettent toute leur vie à le réaliser.

L'admiration que je lui porte atténue ma peine. Je témoigne aujourd'hui de la richesse de nos rencontres. Cette petite bibliothèque ne me quittera jamais.

Manuel :
« Le petit garçon aux yeux noirs »

Il a cinq ans lors de la première consultation. C'est un splendide petit garçon aux yeux noirs, un peu maigre. Il a été adopté par deux enseignants, tous deux âgés de quarante-huit ans. C'est fou ce qu'ils me paraissaient vieux à l'époque ! Le parcours d'un praticien est scandé par le fait qu'il rencontre au début des parents toujours plus âgés que lui et que cela se termine, pour lui, au terme de sa carrière, par une image de grand-père bienveillant. Le père est professeur de mathématiques, la mère professeur d'italien. J'éprouve immédiatement de la sympathie pour elle en raison de mes propres origines. L'adoption de Manuel repose sur une imposture, puisqu'il est né sous X et que son père adoptant, se déclarant père de l'enfant, a pu sortir de la maternité avec lui dès sa naissance.

Normalement et juridiquement, les enfants nés sous X ne doivent rien savoir de leur origine. Il faut souligner que de nombreuses associations souhaitent supprimer ce type de naissance.

Peut-on abandonner un enfant et le priver de son histoire ? Je serai, personnellement, toujours à côté de ceux qui s'opposent à la naissance sous X. Mais comment cette adoption illégale, utilisant une faille de la loi, a-t-elle pu exister ? Aux yeux de la loi, le père civil est toujours plus important que le père biologique.

Cette histoire se déroule dans le quartier de la Belle de Mai à Marseille, lieu du domicile de Lisa, la mère biologique de Manuel.

Petite anecdote : était originaire de ce quartier un dénommé « Dache ». L'expression « aller à dache » signifie dans le Bouvier[1] « aller loin ». Dache avait déménagé à Endoume et lorsque ses copains lui rendaient visite, ils trouvaient que c'était loin, c'était « à dache » !

Lisa a quinze ans. Elle est scolarisée, pour les cours d'italien, dans la classe de la future mère adoptante. Elle cache sa grossesse. Ce sont ses grands-parents qui ont émigré. Deux raisons expliquaient leur départ : l'une, banale, était la pauvreté, l'autre était plus politique. La famille se disait persécutée par les « Chemises noires » en pleine époque de l'Italie fasciste. Ce qui me touche immédiatement dans cette famille, c'est qu'elle est originaire d'Imperia, ville de ma propre grand-mère, elle-même migrante au Panier, un des quartiers les plus populaires de Marseille. L'histoire

1. Robert Bouvier est l'auteur du *Dictionnaire du parler marseillais*.

indique que Mussolini a occupé son premier poste de professeur de français au collège d'Oneglia. Le grand-père de Lisa, leader local du parti communiste, avait des relations parfaitement cordiales avec celui qui se disait alors socialiste. Plus tard, le professeur devenu dictateur déversa sa colère sur cette famille car l'engagement politique du grand-père l'avait mis hors la loi.

J'ajoute, et vous verrez que c'est important, que la ville d'Oneglia est celle où naquit le grand amiral italien Andrea Doria. La mère de Lisa, grand-mère biologique de Manuel, va épouser un Napolitain hâbleur et peu travailleur. Il passera son temps à jouer aux cartes, à la *scopa*, et à faire danser les voisins à la danse du balai : une musique démarre et lorsqu'on tape sur le sol avec le manche du balai, on doit changer de cavalier et de cavalière, celui ou celle qui reste seul(e) danse avec le balai. Cette activité lui permettait surtout de boire tout son saoul. Saisi par les miasmes et l'odeur étouffante du Vieux-Port, il partait se ressourcer dans un cabanon du Haut-Var pour de nouvelles libations avec des chasseurs de passage. Trois enfants vont naître de cette union : une fille aînée considérée comme très fragile et qui somatisera toute sa vie, et des faux jumeaux dont Lisa, mère de Manuel, le petit garçon aux yeux noirs. La famille s'enrichit d'une adolescente adoptée par la mère de Lisa, pourtant pauvre. Pour survivre, celle-ci vend des légumes sur les marchés.

Ce qui est passionnant est la répétition, car Germaine, l'adolescente adoptée, est elle aussi née d'une grossesse cachée. Sa mère, jeune Bretonne, vivait de ses charmes à Paris. Elle était sous la coupe du frère du danseur au balai. Elle rêvait d'avoir un enfant mais son métier lui interdisait d'être enceinte. Fou de rage lors de l'annonce de la grossesse, son chéri lui fait effectuer trois tentatives d'avortement avec des queues de persil, lui impose des courses folles à moto et la bat. Le fœtus résiste et Germaine naît. Elle sera terriblement maltraitée dans sa petite enfance. Par l'intermédiaire de sa mère qui demande secours à la mère de Lisa, elle se réfugie à Marseille. Celle-ci s'occupe tendrement des jumeaux, dont elle fut à la fois la grande sœur et la maman.

On retrouve dans cette histoire la grossesse cachée et l'adoption illégale. Mais cette famille savait aussi se défendre et Lisa racontera à son professeur d'italien une scène dans laquelle sa mère était intervenue pour protéger Germaine. Celle-ci avait rencontré, dans un bar du Vieux-Port, le beau Lucien qui avait la même activité professionnelle que le « jules » de sa mère et qui, naturellement, lui proposa un emploi en Argentine. La mère de Lisa, ayant eu vent de l'histoire, chercha à rencontrer le « marlou ». Imaginez la scène : un bar sur le Vieux-Port, ancienne cave à bateaux. On doit descendre quelques marches, le salpêtre nappe de son odeur l'obscurité du lieu qui retentit de musique de jazz. Le beau Lucien est au comptoir, casquette vissée sur le crâne, bleu de Chine, poitrine ouverte, avec une chaîne en or qui fait écho à la gourmette de son poignet où son prénom est gravé en grosses lettres. Lorsqu'elle rentre dans le bastringue, habillée en noir, avec le tablier des partisanes du cours Julien et qu'elle aborde Lucien, celui-ci prend tous les autres marins à témoin et déclare qu'« elle est un peu âgée pour lui ». Malgré les ricanements nourris des voyous qui l'entourent, elle s'approche de lui :

— C'est toi qui proposes à ma fille Germaine un travail en Amérique du Sud ?

— Oui, madame, et croyez bien que sa carrière est assurée.

Les rires redoublent. Elle regarde les mains de Lucien où deux bagues resplendissent, notamment un camée monté sur de l'or de piètre qualité avec, comme représentation, un guerrier antique casqué.

— Tu as de belles mains. Peux-tu les poser sur le comptoir que je voie bien tes bagues ?

— Je suis capable de tout, madame, pour vous faire plaisir.

Alors, sortant de son tablier un battant pour le linge, elle brise la main de l'individu en lui déclarant :

— Il te restera une main pour pisser.

Germaine n'est jamais partie en Amérique du Sud et Lisa raconte cette histoire à son professeur. Dans sa famille, les malheurs sont plus fréquents que les succès. Lisa était élevée par cette mère puissamment agressive, seule, capable de briser la main de quelqu'un qui voulait du mal à sa fille.

Lisa fut une bonne élève dans les classes primaires. Mais à onze ans, elle fut victime d'un abus sexuel par un voisin alcoolique, ami de son père disparu. Honteuse, elle n'en parla pas mais son comportement changea complètement. Elle devient le chef d'une bande de filles. Elle vole aux étalages et agresse les filles issues de la bourgeoisie en leur interdisant le passage lorsqu'elle les croise sur La Canebière. Au collège, elle intéresse beaucoup un garçon, fils d'un cardiologue marseillais. Celui-ci trouve cette brunette très agréable et l'invite sur le bateau de son père. C'est un magnifique voilier d'origine anglaise, un Camper Nicholson avec un pont en teck. En sortant du Vieux-Port, elle pense en un éclair à Andrea Doria, le fameux amiral italien, originaire d'Oneglia comme sa famille. Ils vont passer le week-end à Porquerolles. Elle est bouleversée par les couleurs, les odeurs et le luxe qui l'entourent. Elle voit des dauphins et même un exocet, un poisson volant, qui à la nuit tombée se prend dans le génois et échoue sur le pont. Doucement, elle le remet à l'eau avant qu'il ne suffoque. Au mouillage forain, le garçon lui joue un air de guitare, une sérénade corse de son propre village. Curieusement, certains mots semblent familiers à Lisa car le dialecte génois parlé par sa mère ressemble à certaines paroles de la chanson. Ils dorment dans la voile affalée, avec le clapotis du vent de terre puis du vent de mer qui fait virer le bateau sur son ancre. Leur étreinte est brève, elle aime surtout le bain qui suit, nue dans l'eau transparente, éclairée par les étoiles qui paraissent l'accompagner. Le garçon, gêné de sa piètre performance, lui battra plutôt froid le lendemain. Qu'à cela ne tienne, la remontée contre le mistral vers Marseille est sublime. Il fallait engolfer [1] pour éviter le clapot et repartir au cap en gagnant du terrain. Au collège, la semaine suivante, il dévoila sa bonne fortune à ses copains, prétendant même qu'elle était une fille facile. Le fat se plaignit qu'elle ne fût pas vierge et qu'elle avait eu de nombreuses relations sexuelles avant la leur. Elle fut d'autant plus blessée que cela la renvoyait au viol dont elle avait été victime. Elle tomba enceinte lors de cette nuit étoilée et maintint cachée cette grossesse d'où devait naître Manuel.

Faisons le point, comme dans la marine. La grand-mère biologique a trois enfants dont Lisa, la mère du petit garçon, sujet de cette histoire. Une enfant adoptée rejoint la famille, Germaine, issue d'une grossesse cachée par sa mère biologique qui fait le plus vieux métier du monde. Cette jeune fille court le risque d'une trajectoire identique à celle de sa mère, mais elle est bien protégée par sa mère adoptante. Lisa rencontre un jeune homme qui la mène en croisière, ils font l'amour, il ne la

---

1. Se rapprocher de la côte pour être plus à l'abri du vent.

respecte pas. Elle aussi va masquer sa grossesse, dont sera issu Manuel.

Au cinquième mois de la grossesse cachée, elle se confie à son professeur d'italien et lui révèle également le viol qu'elle a subi par l'ami alcoolique du père. Elle parle de la belle nuit sous les étoiles, disant que ses ancêtres de Ligurie devaient vivre sans cesse des moments identiques. Elle décrit le va-et-vient du vent de terre et du vent de mer qui compense la médiocrité de la relation sexuelle. L'enseignante d'italien est émue, troublée par cette histoire du fait de sa propre stérilité (elle a eu sept fécondations *in vitro*, au-delà du nombre autorisé). Ce qui lui fait également éprouver un rejet mêlé de rivalité à l'égard de sa jeune élève : « Elle peut choisir d'être mère alors que j'en suis incapable. » Très rapidement, elle va imaginer un stratagème, un vol, un rapt de l'enfant qui s'avérera une supercherie administrative. Son mari entre dans le jeu et déclare être le père de cet enfant né sous X. Ils sortent tous les deux de la maternité avec le nourrisson, excluant la mère biologique. Pour cela, il avait fallu convaincre Lisa. Ils avaient déroulé une intense activité de séduction : invitations chez eux, aide scolaire, vêtements offerts et, surtout, trousseau prévu pour le bébé. Ils avaient fait, tous les trois, le pari d'un garçon. L'instant le plus périlleux fut l'accompagnement de Lisa pour l'aveu à sa mère. Ils furent paradoxalement bien accueillis, c'était une enfant de trop qui allait ainsi accéder à un niveau social plus élevé. Avec cette adoption, on laissait des chances ultérieures à Lisa. La grand-mère fut une alliée, mais Germaine, qui revivait sa propre histoire, s'y opposa violemment.

Il fut décidé que Lisa ne verrait pas son enfant pendant quelque temps, la mère adoptante le voulant pour elle toute seule. L'arrivée d'un garçon renforçait celle-ci dans sa mise à distance de la mère biologique.

Lisa fut terriblement déprimée. Elle avait l'impression, par cet abandon, de ne plus pouvoir être heureuse. Elle avait été troublée par le changement d'attitude du couple, présent pendant sa grossesse puis très distant. Des idées noires l'accablèrent et elle se pendit un soir d'été, dans un hangar à bateau du Vieux-Port, à Marseille. L'enseignante en fut très soulagée.

À huit mois, Manuel fut orphelin de mère. Il se révélera être un enfant sage, ayant un développement psychomoteur très convenable. Il commencera à marcher à dix mois. Premiers mots au même âge et belle évolution du langage durant la deuxième année de sa vie. Mais le graphisme ne s'établit pas, et il présenta une incapacité d'acquérir la propreté avec un plaisir morbide de jouer avec ses selles. Il ne pouvait déféquer que dans des couches qu'il fallait sans cesse changer. À trois ans, son entrée à l'école maternelle paraissait bien difficile. Elle le fut d'ailleurs. Il était violent avec les autres enfants, ce qui renvoyait à l'enfant mordeur qu'il avait été à l'âge de deux ans.

Dès la section des petits, l'enseignante se plaignit de son opposition et des troubles qu'il créait dans le groupe. Celle de la section des moyens fit de même, et lors de la section des grands se posa la question du maintien en maternelle.

C'est pour cette raison que je le rencontre à l'âge de cinq ans. Immédiatement, le secret fut abordé puisque la mère biologique était décédée et que la grand-mère maternelle ne souhaitait pas revoir cet enfant. Manuel était hostile, fermant les poings dans ma direction et s'enfouissant dans les bras de sa mère lorsque l'on évoquait les souillures par les selles. Un mutisme l'envahissait, il bougonnait et se montrait facilement menaçant. Les entretiens qui suivirent furent l'objet d'une confrontation et d'un défi, il ne voulait pas parler de cela et pourtant j'y allais avec sévérité, autorité et permanence. À l'évocation d'un placement en établissement spécialisé pour une durée de quarante-cinq jours afin de traiter ce symptôme, il éclata en sanglots. Sa mère adoptante le serra dans ses bras en disant : « N'aie pas peur, je ne t'abandonnerai jamais. »

Par la suite, ce symptôme s'aggrava et l'enfant fut déscolarisé. Le père décida alors de partir avec lui pendant les vacances scolaires et la mère accepta ce placement très intra-familial. Le trouble s'atténua puis recommença quelques semaines plus tard avant de disparaître complètement. Le père était très fier de leur réussite. La mère, paradoxalement, regrettait les couches, comme pour maintenir Manuel dans un statut de nourrisson, le positionnant dans le rôle du bébé qu'elle n'avait jamais eu.

Malheureusement, il eut des difficultés dans l'apprentissage de la lecture au cours préparatoire. Les enseignants campaient alors sur leur position d'une immaturité qui aurait dû imposer le maintien en grande section de maternelle, ce à quoi j'étais opposé. Un bilan orthophonique révéla des éléments très singuliers : excellent niveau de vocabulaire (on pouvait le supposer, compte tenu de son bon développement langagier), une compréhension très correcte mais aucune fusion syllabique et un refus des apprentissages, totalement rejetés par cet enfant. Une rééducation fut organisée mais l'année se déroula sans la possibilité d'accéder à la lecture.

Il passera malgré tout en CE1 grâce à l'argument sur les cycles scolaires que j'allais fournir : apprentissages premiers entre section des petits et des moyens, mais apprentissages fondamentaux qui lient la section des grands de maternelle, le CP et le CE1. Il pouvait donc apprendre à lire en CE1. Son opposition était toujours manifeste. Il disait : « Je peux pas apprendre à cause de mes parents », ce qui était singulier puisqu'ils étaient enseignants. Mais il fit certains progrès en arithmétique et son père, professeur de mathématiques, obtint un deuxième succès. Des progrès infimes en CE1 lui permirent de ne pas redoubler. Finalement, il arriva à la fin du primaire avec de grosses lacunes, une lecture bien hésitante, des difficultés pour mémoriser, appréhender le texte lu et le reproduire. Il ira dans le collège où ses parents enseignaient. Un suivi était régulièrement effectué.

J'étais dans une relation d'alliance avec cet enfant. S'il ne réussissait pas bien à l'école alors qu'il était intelligent, c'était sa façon à lui de s'opposer à son adoption par des parents justement enseignants. Mais peu de choses apparaissaient au cours de ces séances de prise en charge. Une seule fois il évoquera sa mère biologique disparue, avec un sentiment d'hostilité à l'égard de celle qui l'avait abandonné puis laissé sur le côté par son suicide. Il disait : « Elle n'a pas voulu me voir grandir. »

À l'entrée au collège, il fut hostile à sa mère adoptante : « Je n'étais pas dans ton ventre, ton ventre est sec, tu n'as jamais pu avoir d'enfant. » Il exprimait également à son père ce sentiment d'hostilité envers elle : « Je ne comprends pas que tu puisses passer ta vie avec cette femme stérile. » À ces insultes terriblement ciblées, la mère répondait par une affection et une gentillesse incompréhensibles pour moi, mais peut-être se sentait-elle coupable vis-à-vis de lui. Le père était dans son rôle de séducteur, soumis à son fils. Il était toujours présent lors des rendez-vous, considérant que les insultes proférées par leur enfant étaient normales, disant qu'ils les méritaient. En classe de cinquième, les insultes redoublèrent et il leur dit un jour : « Vous allez mourir, vivement que j'hérite. »

C'est à cet âge qu'il commença, juste après les premières cigarettes, à fumer du haschisch en grande quantité (plus de dix par jour). Il déroba à ses parents de l'argent puis leurs cartes bleues. Il eut aussi un comportement singulier : il volait les bijoux de famille de sa mère et les jetait dans les toilettes. Il veillait à les entourer préalablement d'un papier hygiénique afin qu'ils ne stagnent pas au fond de la cuvette mais disparaissent dans les égouts, comme si les troubles anciens de la propreté s'exprimaient une fois encore. Il manifestait une agressivité à l'égard d'un passé dans lequel il ne se reconnaissait pas.

Cette agression envers sa propre mère et sa grand-mère à propos des bijoux toucha fortement la mère, qui commença alors à parler d'un internat avec son époux. Elle dit qu'elle « avait l'impression de ne plus pouvoir l'aimer ». Manuel fugua immédiatement après cette discussion où sa mère avait évoqué le placement. Quelques jours plus tard, il demanda à son père par téléphone de se séparer d'elle et de vivre avec lui. De façon surprenante, le père accepta tout de go.

Je vais alors très régulièrement le voir avec son père, entre sa treizième et sa quatorzième année. De temps en temps, et avec difficulté, je le rencontrerai avec sa mère à laquelle il souhaite une maladie mortelle. Une séparation logique sanctionnera ce mode particulier de fonctionnement familial. Devant le refus de voir sa mère, un point rencontre fut établi et les éducateurs et éducatrices se souviennent des moments, terribles à vivre pour un tiers, lors des scènes d'insultes entre la mère et le fils. Durant les entretiens, Manuel apportait vraiment peu de matériel pour l'interprétation. Souvent, il disait « je sais pas », terrible phrase pour le thérapeute qui n'en savait pas plus.

Par la suite, il eut de nombreux accidents de moto et fit un long séjour en centre de rééducation en raison d'une lésion dorsale vertébrale. Il noua, lors de cette hospitalisation, un lien de grande qualité avec une ergothérapeute, alors que les relations avec sa mère s'enlisaient de plus en plus. Le risque d'accident mortel avait paradoxalement distendu les liens.

À partir de la classe de troisième, il fut orienté vers un lycée technique car il s'intéressait à l'informatique, mais il passait son temps sur les jeux vidéo et souhaitait se spécialiser dans la photographie. Il fut alors dirigé vers des établissements privés sans contrat. Il semblait plus intéressé par le prix des appareils photo les plus modernes que par l'apprentissage technique. Il finira par abandonner cette formation si onéreuse.

Le haschisch n'apaisait plus ses craintes, il était passé à la cocaïne pour donner l'impression qu'il pouvait être plus fort et plus intéressant que les autres. Il brutalisa son père lorsqu'il lui refusa de l'argent pour sa consommation de drogue. Effondré, celui-ci vint nous voir, culpabilisé et inquiet d'un risque suicidaire de son fils qui pourrait suivre le trajet de sa mère biologique. C'est la mère adoptante qui fera une tentative de suicide à cette époque-là. Il lui dit de manière terrible que « sa vraie mère ne s'était pas ratée et qu'elle n'avait pas fait semblant pour être intéressante ». La mère ne lui pardonnera pas ce propos et ne voudra plus le rencontrer. Nous voilà dans un trio réduit, thérapeute, père et fils devant des conflits insupportables et permanents provoqués par l'inactivité de Manuel. Il ne fait rien chez lui, se lève tard dans la journée, sort la nuit en réclamant toujours plus d'argent. À ma question sur ce qu'il veut faire plus tard, il nous répond invariablement « je sais pas ».

On peut se demander, à ce stade de la narration, pourquoi ce garçon a été aussi fidèle à notre relation qui ne lui apportait pas grand-chose de palpable et de perceptible. Il n'y avait même pas de questions sur le secret de sa naissance, alors pourquoi continuait-il à venir me voir ? Lorsque je lui demande, il répond « je sais pas ». La clef est pourtant simple. L'origine de ma famille est la même que la sienne, c'est Imperia, en Italie, et ce garçon me dira plus tard qu'il m'a toujours identifié dans une relation de cousinage, de paternité, voire de filiation. Il a maintenant vingt ans et son père l'a fait recruter dans une administration territoriale. De façon étonnante, il travaille dans une structure d'accueil comme agent administratif pour des jeunes issus de l'Aide sociale à l'enfance, « des vrais abandonnés », me confiera-t-il. Une éducatrice spécialisée, ergothérapeute, est amoureuse de lui. Elle a deux atouts majeurs : d'abord d'être ergothérapeute tout comme celle rencontrée en centre de rééducation, et surtout d'avoir une famille toulousaine, d'origine espagnole, très unie, qui va l'accueillir. Elle va l'emmener dans le Gers pour acheter des foies de volaille et les préparer de manière artisanale. Avec une grande fierté, il m'en ramènera un pot comme cadeau, et bien que ce produit soit un peu salé, je l'apprécierai beaucoup ! Cette jeune fille rencontra la mère adoptante et déclara à Manuel qu'il avait une excellente maman. Elles s'entendront à merveille, ce qui réconciliera Manuel avec sa mère. Les relations de son père avec celui de la jeune fille furent excellentes. On peut imaginer l'accordage affectif et intellectuel entre le professeur de mathématiques et l'expert-comptable. Le retour le plus surprenant fut celui de la grand-mère maternelle biologique. C'est à ce moment-là que l'on ne vit plus Manuel.

Vous pouvez effectivement penser que la mission était accomplie, celle d'avoir tenu bon à tous les « je sais pas » durant toutes ces années. Mais voilà que dans la salle d'attente du service, Manuel se présente avec son épouse et une petite fille portant le prénom de sa mère biologique, Lisa. Il s'approche de nous, nous tutoie et nous dit qu'il vient pour sa fille. Je lui demande :

— Qu'arrive-t-il à ce joli bébé ?

Il me répond :

— Je sais pas.

Avant que je ne m'effondre, la mère me dit :

— Un simple problème de sommeil que nous allons régler en quelques séances avec l'un de vos collaborateurs.

On salue l'artiste, l'éducatrice spécialisée. Je n'ai pas revu Manuel, j'ai simplement remarqué que le petit bébé avait de magnifiques yeux noirs.

Interprétation

Que l'adoption est difficile ! Nous ne rencontrons, dans notre activité professionnelle, que les adoptions en situation pénible. Nous ne suivons pas celles qui vont bien. Les associations de familles adoptantes signalent 30 % de troubles cognitifs chez les enfants adoptés. Le plus souvent, les familles sont d'un milieu socioculturel élevé, ce qui constitue, en général, un avantage par rapport à la scolarité. Il est peut-être trop facile de faire des blessures primaires, de l'abandon, l'explication absolue de ces difficultés. Les cas que nous rencontrons sont souvent parasités, soit par le secret, soit par une totale méconnaissance des origines.

La trajectoire de Manuel est exemplaire. Elle débute par une supercherie et un mensonge des parents adoptants, sur une jeune fille vulnérable qui va mettre fin à ses jours. Seule Germaine, elle-même adoptée par la mère de Lisa, s'est opposée à ce rapt car, également née d'une grossesse cachée, elle en a subi les conséquences et connaît les risques que cela fait courir pour l'avenir. Sa rencontre avec le beau Lucien et le sauvetage par la mère de Lisa sont des exemples évidents de la répétition des conduites à risques chez les familles fragilisées.

Dès le début, chez Manuel, l'encoprésie met en évidence une régression hostile, comme un accouchement toxique, pollué. Il voulait rester un bébé difficile dont on s'occupe. Il n'avait aucun ancrage de sécurité. Ses propos ultérieurs sont malheureusement classiques : « Je n'étais pas dans ton ventre. »

À noter aussi que les enfants adoptés cherchent souvent leur mère biologique mais ne s'intéressent jamais à leur père. Voilà le trouble majeur des identifications. Les dires qui suivent sont plus destructeurs : « Ma mère, elle, ne s'est pas ratée. » On comprend bien que l'histoire de la famille biologique de Manuel organise totalement son fonctionnement psychique. Les personnages en place sont tous très typés. Les pères inconséquents : celui de Lisa fait la danse du balai et le père biologique de Manuel est inexistant. Le père adoptant fait ce qu'il peut mais cela se retourne contre lui. Manuel s'enfouit dans la faille, le gouffre d'image paternelle impalpable. L'acte contre le beau Lucien est également un manque. C'est un homme qui aurait dû protéger Germaine et qui aurait dû se battre pour éviter la prostitution. Si Lisa est tellement fière, c'est qu'elle prête à sa mère une identification masculine.

On progresse dans cette histoire en se désespérant. Je tiens bon grâce à Imperia, à Oneglia. Je comprends la belle nuit d'amour à Porquerolles, mais finalement pas si belle que ça. Ils souhaitent tous un garçon, pardi ! Manuel sera le seul homme dans cette histoire de femmes abandonnées. Mais il est volé et sa mère mettra fin à ses jours. C'est une femme, finalement, qui va nous sortir d'affaire, renouer des liens, nettoyer le désordre de cette famille pathologique. Elle s'appuie sur la sienne dont le fondement est bien plus rassurant. Comment critiquer une famille qui fait des foies gras ? Manuel passe là véritablement du biologique à l'adoption car sa véritable famille adoptante est celle de sa femme. Finalement, cette jeune femme donne le nom de Lisa à leur fille, le malheur de l'histoire s'éloignant avec l'arrivée de cette enfant. Elle casse et brise un cycle pathologique, et la petite Lisa peut s'engager vers une belle vie, retrouvant même ses grands-mères. Il est vrai que, souvent, les adoptions réussissent quand les enfants adoptés, ayant à leur tour des enfants et mettant les parents adoptants en situation de grands-parents, effacent pour toujours l'inquiétude biologique.

Un drôle de métier !

Ces histoires ne sont pas tristes, c'est tout le contraire. Ces longs suivis thérapeutiques m'ont totalement transformé et ont sans doute affiné mes positions optimistes.

Je salue d'abord deux personnes qui ont marqué définitivement ma vie personnelle et professionnelle. J'utilise à dessein leur vrai prénom, leurs parents m'ont fait l'honneur de m'écrire pour m'autoriser cette indiscrétion qui peut paraître discutable.

Michel, mis en scène dans *Œdipe toi-même* ; le titre lui appartient puisque ce sont ses propos. Incroyable petit garçon luttant contre la maladie en affirmant toujours son extraordinaire personnalité, quel que soit le stade de son évolution. Je suis fier de l'avoir rencontré et accompagné. Je me sens tellement proche de lui. Si jamais j'avais été gravement malade, j'aurais souhaité avoir sa force, son brio et son talent. Je pense sans cesse à lui et à Barbara, jeune fille admirable qui mêlait cancer et anorexie. Son histoire apparaît dans l'ouvrage *La Vie en désordre*. Comment oublier son humour et ses moqueries, ses critiques pour nos positions : « Qui êtes-vous pour m'empêcher de choisir ma mort ? » Comment oublier ce dernier groupe de parole, dont elle assura le secrétariat, où elle me confia qu'elle avait décidé de « devenir secrétaire médicale ». Elle mourra quinze jours après, entourée des siens et des soignants du service.

Une unité va s'ouvrir à l'hôpital Salvator. Elle s'appellera d'ailleurs « Unité de Michel et de Barbara ». J'espère qu'elle sera inaugurée par leurs parents. Elle traitera de la question : « Guérir de la guérison ».

Voilà un terme assez singulier. Quant on est guéri, on est guéri ! Que nenni, on ne l'est absolument pas, la représentation et l'appropriation de la maladie par le sujet nécessitent un long travail personnel qui n'a rien à voir avec la médecine, rien à voir avec le diagnostic et le traitement. Il consiste à parvenir à éliminer la maladie dont on a été porteur, cette maladie qui nous a envahi et risque de nous éliminer dans le cas des maladies graves. Comment supporter d'être éliminé par une maladie alors que l'on est soi ? C'est toute la différence entre le diagnostic médical et la représentation psychique des maladies. Comment, après la guérison, se réapproprier sa personne, alors que la maladie a été envahissante, occupante, métastatique non seulement au niveau cancéreux mais également au niveau psychique et psychologique ?

On ne sait pas, quand on s'engage dans une carrière médicale, que l'on va croiser des enfants, des adolescents et des adultes qui vont marquer à jamais notre mémoire. Vouloir soigner est sans aucun doute une mobilisation de notre pulsion de vie. Tous et toutes, nous passons en effet notre existence à ignorer la mort, à repousser plus loin de nous et des nôtres la fatalité qui régit l'espèce humaine. Les religions sont parmi les modèles les plus performants pour remporter ce combat. Les laïques luttent au nom du meilleur présent possible, sans négliger bien sûr le rêve d'un avenir plus heureux pour ceux qui nous succéderont.

La science médicale, elle, lutte contre les causes de mortalité. En ce sens, elle intervient à plusieurs niveaux. Au niveau préventif, c'est le rêve ! Et les vaccins sont sans doute la modalité la plus aboutie. Au niveau curatif, les protocoles de plus en plus précis pour une survie augmentée. Reste à organiser la réhabilitation. Quelle vie possible après la maladie ? C'est le cœur même de mon propos. Comment une maladie peut-elle devenir une simple anecdote dans nos souvenirs ?

Nous avons tous vécu une infection virale bénigne dans notre enfance. Lors d'une grippe, par exemple, entourés de l'affection de nos parents, de la préoccupation tout à la fois sensible et magique de nos grands-mères (elles reprenaient alors le flambeau des guérisseurs du passé, des chamans et des sorciers), nous n'étions soignés que par des infusions, nappées de rhum, breuvage pourtant interdit dans notre enfance. La grippe enfin vaincue était ponctuée par le retour glorieux à l'école pour célébrer notre victoire.

Voilà le scénario typique de ces « petites maladies » qui sont, vous en conviendrez, des souvenirs agréables. Ajoutons-y la varicelle, avec ses éruptions vésiculaires contiguës, d'âge différent, avec le talc qui rendait encore plus théâtrales nos démangeaisons. C'était aussi une maladie initiatique et un mode d'expression des rivalités fraternelles : « J'ai plus de boutons que toi » « Mais les miens sont plus gros ! »

Un jour tombe un couperet qui utilise les ciseaux des Parques pour casser notre élan vital, notre espérance de vie : « Votre enfant a une leucémie. » Reviennent alors en mémoire les troubles gastro-intestinaux bizarres, dans une atmosphère fébrile, la fatigue et les hématomes inquiétants qui apparaissent sur le corps depuis quelque temps. Les parents sont comme sidérés, brutalisés par l'annonce du diagnostic, leur existence est stoppée. À une époque reculée et fort heureusement passée, s'installait alors un jeu morbide du chat et de la souris, entre celui qui savait et ne voulait pas tout dire, et l'attitude soumise de tous ceux qui ne voulaient pas entendre. L'enfant, lui, était hors jeu. Mais tous mobilisaient leurs capacités intuitives, leur brio, leurs ressources psychiques dans la découverte des signes de ce secret mortel.

J'ai rencontré Michel, cet extraordinaire petit garçon qui ne quitte plus mes pensées en raison de son talent, de sa vivacité, de la lutte imaginative dont il a fait preuve dans le combat contre sa maladie. Il a tout utilisé : sa priorité affective et captatrice avec sa mère, son regard tendre et tout à la fois hostile vis-à-vis de son père, et ses attaques sur les structures hospitalières classiques qu'il essayait de démolir. Il a réussi à obtenir la présence de sa mère lors de la ponction lombaire. Il a tant ému le chauffeur de bus qui le conduisait à l'hôpital de la Timone que celui-ci, à sa demande, a changé le numéro de son bus. Michel éclatait alors de rire devant la confusion des passagers bernés. S'il a perdu la bataille, il reste pour moi l'enfant héros malade que j'aurais rêvé d'être.

Plus tard, j'ai croisé le chemin de Barbara. Jeune fille dont la grâce et l'intelligence suscitèrent chez moi une empathie immédiate. Elle savait qu'elle allait mourir et avait choisi l'anorexie pour repousser le sarcome loin de ses pensées. Combattante remarquable, elle a aidé d'autres jeunes filles à guérir du trouble de l'image de soi, et c'est le moment qu'ont choisi les cellules malignes pour l'entraîner vers son destin. L'institut Gustave-Roussy, impeccable à tous les moments de son combat, nous a permis de participer à ses soins du fait de ses troubles alimentaires. Nous partageons avec ses parents, ses amis et les institutions soignantes la peine de sa disparition.

Je m'aperçois que vous pouvez trouver mes propos désespérés, alors que c'est tout le contraire. Ces deux personnages magiques m'ont permis de me projeter vers une conceptualisation, une approche différente de la guérison.

Passons donc avec optimisme et dynamisme à la question essentielle de la réhabilitation. En effet, lors du combat que représente la période des soins pour les enfants, les parents et les soignants, tout est finalement simple. On vérifie la disparition des cellules malignes, on surveille les infections secondaires, parfois on greffe de la moelle qui va changer le pronostic. L'enfant est isolé, en atmosphère stérile, du fait de sa perte d'immunité. Et il va revivre. On se situe alors dans une nouvelle naissance. La force du frère, de son don de moelle, va même guérir le petit malade. Les progrès sont immenses aujourd'hui : on s'occupe de la douleur de l'enfant, l'alliance de soins avec les parents est obligatoire, et l'école, les clowns, la musique, le dessin et la rencontre des sportifs de renom vont faire rentrer la vie à l'hôpital. Nous sommes dans une position *urbi et orbi*, dans la ville et hors de la ville. Les soins culturels ont conquis les hôpitaux pour qu'une démocratie vivante s'installe au cœur même des malheurs.

Tout s'est bien passé : « Il (elle) est guéri(e). » « Non ! Il (elle) est en rémission. » Terrible deuxième annonce : tout allait bien, l'optimisme renaissait et il faut maintenant s'attendre à ce que l'hydre immonde puisse revenir. Dans la périphérie de l'annonce s'est installé un nouveau partenaire puissant, informel et froid : l'informatique. Sur la Toile, on vous renseigne sur le taux de survie et le nombre de rechutes sans vous informer, sauf peut-être lors des forums tenus par d'anciens malades. Il sera temps, un jour, nous le savons depuis Groddeck, que les mots puissent être utilisés comme des médicaments. Cette hypothèse devra être validée, critiquée et proposée par les équipes d'hématologie et d'oncologie. Par exemple, ne pourrait-on pas dire : « Nous accompagnons votre guérison » plutôt que : « Vous êtes en rémission » ?

Alors, il est en rémission et il est adolescent. Il ne travaille plus, il a redoublé sa quatrième, mais il a été tellement malade !... Il est fort désagréable avec sa sœur aînée qui l'a pourtant accompagné pendant ses hospitalisations. Il doute de lui, sa sexualité l'inquiète, est-ce que les produits n'entraîneront pas des malformations chez les enfants qu'il souhaitera avoir ? Doit-il en parler à sa petite amie ? Mais, de toute façon, elle s'est écartée de lui et cela le fait encore plus douter de son avenir. Il a mal à la tête depuis qu'il est enfant, mais maintenant il pense que cela peut être une récidive ou une localisation tumorale cérébrale. Il n'ose même pas en parler à son médecin. Petit à petit, il va sombrer dans une dépression hostile et la peur de la vie remplace chez lui la crainte de la mort.

Vous conviendrez avec moi que cela est trop bête. Il a gagné, la leucémie a été vaincue, mais la représentation psychologique de sa maladie produit encore des mécanismes anxiogènes qui menacent sa destinée.

Alors, à l'attaque ! Il s'agit de consolider, de colmater, de renforcer, d'étayer et de sublimer ce que la pathologie a mis en péril. C'est d'autant plus important que les données épidémiologiques fournies par les hématologues-pédiatres renforcent notre désir d'action.

Il s'agit de passer du chameau au dromadaire. Quésaco ? Le chameau a deux bosses, oui, c'est sûr, l'autre, le « dro », n'en a qu'une.

Des statistiques nous ont permis les constatations suivantes : si l'on place sur un diagramme en abscisse l'âge et en ordonnée le taux de survie, on obtient des résultats très significatifs.

Aujourd'hui, 80 % des enfants leucémiques guérissent, c'est la première bosse du chameau. Saluons à ce propos le travail des équipes pédiatriques. Il y a trente ans, 80 % des enfants leucémiques mouraient.

70 % des adultes survivent également à une leucémie lymphocytaire : c'est la deuxième bosse du chameau.

Qu'en est-il des adolescents ? Entre les deux bosses : le creux. Avec la même maladie, les mêmes cellules pathologiques et les mêmes protocoles thérapeutiques, on constate que les adolescents ont une chance de survie moindre.

Pourquoi ? Les adolescents sont corporatistes, ils ne veulent être suivis que dans un service qui leur ressemble (nous avons déjà souligné l'excellence de l'Institut Gustave-Roussy et de son unité d'adolescents). À la limite, ils acceptent d'être suivis par leur pédiatre, mais surtout pas d'être mélangés aux « vieux », sachant que vingt-cinq ans, à cet âge, c'est « très vieux ».

Dans la population générale, non malade, 15 % des adolescents sont vulnérables, fragiles, et multiplient les conduites à risques. La maladie va leur permettre de s'engager dans une brèche, de ne pas être « compliants » aux soins proposés et d'avoir donc une attitude quasi suicidaire. L'adolescent va être pessimiste sur ses chances de survie, va vouloir profiter du temps qui lui reste et va être fragilisé par les événements de la vie : décès d'une grand-mère importante pour lui, séparation des parents, rupture amoureuse… Il va penser que lutter est inutile. On peut tous s'accorder sur ces données simples de la représentation psychique de la maladie, différente de la réalité organique de celle-ci.

Que proposer pour passer du chameau au dromadaire, pour supprimer ce creux, cette surmortalité des adolescents leucémiques ?

De même que l'on effectue un bilan sanguin, il faudra systématiser le bilan psychosocial et pédagogique. Détaillons cela en commençant par le social. Les jeunes d'aujourd'hui, quand on leur demande leur projet d'avenir, font passer la famille avant la gloire, l'argent, le travail, l'amour ! Ils nous persécutent, nous critiquent mais ils nous préfèrent ! Donc une histoire de la famille, sa composition, ses forces et ses fragilités doivent être recensées. Le médecin de famille et le pédiatre sont très utiles et doivent être associés à la récolte de ces éléments. Comment négliger aussi le meilleur ami, la meilleure copine ? Dans la future unité d'accueil des adolescents guéris de leur cancer qui va être mise en place au sein de l'Espace méditerranéen de l'adolescence, un hébergement sera possible pour le meilleur ami, l'accompagnant, et nous n'oublierons pas les grands-parents. En effet, ceux-ci sont frappés dans leur course de vie par la maladie de leurs petits-enfants. Ils sont l'arbre de vie et peuvent être associés au combat.

L'école aussi est fondamentale, pour que les adolescents malades ne soient pas sanctionnés par une double peine : redoubler et perdre leur groupe d'amis du fait de leur maladie. Il faut donc interdire le redoublement en cas d'hospitalisation et, pour cela, mettre en place un lien déterminant entre l'école et l'hôpital. Il faut aussi – cela n'est pas systématisé – que des postes d'enseignants détachés soient à la disposition des enfants malades, que les associations (comme « L'École à l'hôpital », que l'on salue ici) et des enseignants bénévoles (retraités ou autres) accompagnent les équipes soignantes dans des lieux hospitaliers adaptés. Il faudrait aussi développer l'activité d'apprentissage et de processus cognitif, seule réserve d'avenir. N'oublions pas non plus les équipes mobiles, l'intégration scolaire partielle… Tout peut être inventé, imaginé et possible.

Nous avons déjà deux belles cariatides : la famille et l'école. On peut maintenant passer au sujet malade. On a bien compris qu'il s'agit d'une médecine du sujet plutôt que d'une médecine d'organe. Il serait souhaitable que les psychiatres et les psychologues s'intéressent davantage aux patients qui vont guérir. Si l'on se doit de respecter les sujets présentant des structures fixées, profondément ancrées dans les processus archaïques, la mission des psys est aussi de s'occuper des « guéris » pour qu'ils guérissent mieux.

Que proposer ? Nous pouvons déjà simplement accompagner et traiter toutes les somatisations sans cause organique qui représentent à peu près 16 % des réhospitalisations lors de la guérison d'une maladie grave. Dans une médecine comptable, quel administrateur serait contre la mise à disposition de postes de psychologues et de psychiatres pour ce type de prise en charge évitant le surcoût d'hospitalisations inutiles ?

Il existe aussi un processus d'alliance libératrice que le travail psychothérapique va permettre : « Je redeviens propriétaire de moi, je ne suis plus dépendant ni de ma maladie, ni des soignants qui l'accompagnent. » Cette réappropriation psychique demande une passerelle pour franchir l'obstacle redouté, tout comme dans les films d'action la passerelle en lianes entre deux montagnes aide à franchir un précipice. Lorsqu'une liane cède, on se rattrape à l'autre. Voilà peut-être le travail du psychothérapeute.

Il faut s'aider de l'apport de soins culturels. On dit toujours à propos de quelqu'un qui a le cancer : « Il faut qu'il ait le moral, cela participe de sa guérison. » Quels propos culpabilisants ! « Tu es effondré et on te dit de lutter, mais justement tu ne peux pas, donc tu es coupable et responsable de ta mauvaise évolution. » Non ! Le jeu psychique consiste à retrouver du plaisir et à penser différemment le quotidien. Il faut vivre avec la joie du dernier roman parcouru, du dernier film visionné, d'une bonne émission de radio écoutée et même d'une émission de télé tardive. Il faut mettre tout cela à la disposition des adolescents malades (au troisième étage de la Maison de Solenn, établissement que j'ai eu le plaisir de diriger avec des enseignants, des intervenants et des bénévoles, sont proposées des activités multiples : dessin, radio, musique, esthétique, danse, théâtre, cuisine et une médiathèque pour surfer, ouverte le samedi et le dimanche matin), car le plaisir éloigne la maladie. Jouir en pensée permet de se réapproprier le corps blessé et d'aller vers l'anticipation. La culture est le socle de l'avenir.

Voilà, j'espère vous avoir convaincus. La question fondamentale reste posée : qu'est-ce qu'un hôpital ?

Au début de ma carrière hospitalo-universitaire, je me raccrochais à l'image scintillante de mes rêves utopiques pour ne pas voir la réalité redoutable des conditions d'hospitalisation : les salles communes, la douleur comme accompagnatrice et les soignants cantonnés aux soins. Aujourd'hui, des réponses nouvelles permettent d'associer le personnel médical aux agents culturels et aux familles.

Je ne peux m'empêcher de penser à Michel, qui serait maintenant avocat, campant sur une position impitoyable quant à la liberté du sujet malade. Et Barbara, qui accompagnerait toujours, avec sa classe et son talent, les jeunes filles anorexiques vers leur guérison.

Ma nouvelle mission sera la mise en place à Marseille d'un dispositif de soins et de culture à l'hôpital Salvator. Un joli nom, vous en conviendrez, pour mettre l'espérance en route et pour guérir de sa guérison. Cette unité sera un hommage à la puissance et à la force de Michel et de Barbara.

Les histoires choisies nous permettent de comprendre et de matérialiser ce que les études universitaires nous ont appris. L'un ne pouvant se passer de l'autre.

Sophie est restée emmurée dans son autisme. Mais, grâce à elle, j'ai rencontré l'équipe éducative de l'hôpital San Salvadour à Hyères (décidément, ma carrière se décline autour de ce terme : Salvator, Salvadour, sauveur) qui prend en charge ces enfants « inaccompagnables ». J'y ai croisé cette femme de salle, si modeste dans la hiérarchie hospitalo-universitaire, qui, en me présentant une jeune fille, me dit : « Je l'habille tous les jours depuis dix-sept ans. » On ne peut être plus près de l'humanité et de ce modèle absolu de l'altérité. Sophie vit dans un groupe, toujours aussi impénétrable et absente. Elle nous a permis de perdre toute idée mégalomaniaque, toute fureur de guérir. Elle nous a également appris à soutenir les parents dans l'épreuve terrible de la confrontation de l'enfant réel, gravement handicapé, et de l'enfant imaginaire qui rôde dans leur esprit, celui ou celle qu'il ou elle aurait dû être et qu'il ou elle ne sera jamais. Le temps a glissé sur Sophie, sans aucune prise, et son regard bleu, totalement vide pour les autres, contemple fixement la mer, devant l'hôpital marin.

Jean-Jacques, le garçon du stade en rouge et noir, nous démontre que rien n'est jamais joué et que tout peut paraître admirable, même chez les personnes les plus démunies de contact et de communication. Après ce début de vie désastreux, petit à petit la grand-mère puis le père, en relais, se sont organisés et les deux couples mère-fille et père-fils ont pu fonctionner. La leçon remarquable, c'est la fierté de vivre un instant avec son fils. Un moment pour rien, pour le dérisoire d'un match de rugby sur la rade se terminant par des propos de bistrot, chez Félix Mayol, incroyable chanteur de music-hall et homosexuel affiché, engagé dans sa carrière au moment où régnait une terrible homophobie. Il offrit un stade pour que les jeunes garçons puissent s'y ébattre. Je suis fier de partager avec eux l'émotion qui m'étreint, avec ce père et ce fils portant nos couleurs rouge et noir. Le temps a passé, que d'efforts pour comprendre qu'il ne comprend pas ! Toutes ces difficultés d'intégration, mais le voilà cet après-midi avec sa casquette. Les rejets aussi qu'il vit tous les jours, la simple sympathie d'un café échangé dans une chambre sauvage implantée par un interne audacieux et un peu décalé dans un CHU. Tout cela pour finir par une « mousse », un « gorgeon », selon la phraséologie fleurie de mon ami Daniel Herrero, pas très loin de Pierre Sansot et de « ces gens de peu », qui pourrait se joindre à nous et dont je regrette si fort l'absence.

Voilà enfin Annie, que je ne vois plus. Je suis persuadé qu'elle accompagnera ma dépouille funéraire. Au fait, soyez nombreux et très amicaux ce jour-là. Pierre Sansot m'avait fait à ce propos une confidence. Il voulait être enterré, son cercueil posé sur un corbillard tiré par des chevaux au pas très lent pour que l'on parle longtemps de lui à cet instant. « Tu vois, Pierre, je continue à suivre ton enterrement, doucement, avec lenteur, bien sûr. » Je ne rencontrerai pas le garçon qui partage les jours d'Annie et qui ne saura sans doute jamais rien de notre relation thérapeutique. Leur fille est une revanche splendide pour la grand-mère qui a toujours tenu bon. Je me souviens parfois de son sourire, de ses yeux, de son regard enfin interactif loin des brumes chaotiques des désordres psychotiques. Je me souviens de sa distance, de sa proximité et du fait que, peut-être, j'ai été à un moment, moi aussi, comme cette fille perdue dans les abîmes de la décompensation psychologique.

« Aïcha, merci de ton appel téléphonique et bravo pour ton succès au bac. » Lorsqu'on écrit un livre, de manière étrange, singulière, surviennent des événements inattendus, un peu comme si penser très fort à une personne la faisait brusquement apparaître dans le champ de notre quotidien. Par son appel, Aïcha le réalise. Elle, la « vomisseuse » résistant à tous les traitements, vient donc de réussir au bac, prouvant ainsi son talent intellectuel. Bien entendu, elle va s'orienter vers des études de diététique. Ses patients auront intérêt à filer doux car l'on peut compter sur sa parfaite attention aux rations caloriques. Elle aura tenu bon et ne sera pas partie du fait d'une hypokaliémie [1]. Ses frères, sa sœur et ses parents ont maintenu leur confiance en elle.

Mais son symptôme a résisté à tout et, puisqu'il s'agit d'une somatisation, il résistait aussi aux interprétations psychologiques. Elle-même étant au niveau de sa structure psychique plus

1. Diminution du taux plasmatique de potassium.

rationaliste, plus organiciste[1] et sans doute plus scientifique. Elle croyait, alors qu'elle se faisait vomir, que c'était une maladie. Cette histoire nous démontre à l'évidence qu'un symptôme impossible, oppressant et même insoutenable peut toujours évoluer sur le mode de la guérison. Il a fallu attendre, mettre en route une série de rencontres et comprendre le passage obligé des échecs thérapeutiques. On ne peut pas abandonner rapidement et facilement un symptôme aussi occupant. Souvenez-vous que le début des signes coïncide avec la séparation des parents, comme si maintenir la symptomatologie laissait au couple parental une microchance de se reformer. Le moment de la guérison venu, curieusement les vomissements nous apparaissent négligeables et Aïcha reprend le devant de la scène.

Anne et Anna symbolisent bien nos combats hospitaliers : le cancer et son aspect insupportable pour nous tous, certes, mais surtout pour les enfants et les adolescents. On peut lutter contre cette horrible maladie, on risque de perdre notre passé, mais que faire quand on n'a pas encore joué son avenir ? Michel était un garçon insupportable et génial. Barbara a lié l'humour à la disponibilité.

1. Théorie médicale affirmant que chaque maladie a pour cause une lésion ou un dysfonctionnement d'un organe ou d'une partie du corps. La thérapeutique qui en découle va tenter de guérir ou de soulager les malades en traitant la partie de leur corps incriminée.

Anne et Anna se sont rencontrées par la fougue, l'intensité et le goût du changement qui nous animent tous au début de notre carrière. Par chance, le professeur d'oncologie était original, car il a accepté dans son service une jeune fille anorexique. Le lien amical que cette dernière avait tissé lui a donné procuration pour lutter et accompagner les enfants cancéreux en hommage à son amie disparue.

Qu'en est-il de son anorexie ? Aujourd'hui, je le sais, elle garde le même poids malgré les années qui passent, les soucis et les difficultés qu'elle rencontre dans son dur métier. Elle m'a confié, l'autre jour, entre deux portes, qu'elle ne s'autorisait pas le moindre décalage dans le régime extrêmement précis qu'elle s'impose depuis sa sortie officielle de la maladie. Elle est encore sensible aux désordres et troubles alimentaires. Mais mon interprétation est d'une autre nature. Je crois qu'elle est fidèle à Anna et qu'en maintenant *a minima* le symptôme, elle fait comme si son amie était toujours présente pour l'aider à guérir, elle qui aide tant les autres enfants et les familles dont elle a la charge. Elle a été très intéressée par le concept « guérir de la guérison » dont je lui ai parlé. Elle a très vite réagi car elle a l'habitude de côtoyer des psys. Elle a éteint chez moi toute espérance en me disant : « Finalement, vous prenez une revanche pour ces enfants que vous avez accompagnés mais qui, malgré votre goût de toute-puissance, sont morts. » Juste, en plein dans le mille, Anne. Il fallait bien que tu prennes une revanche sur le spécialiste de l'anorexie qui avait si bien débusqué tous tes mécanismes d'évitements alimentaires.

Cette jeune femme ascète et splendide, au milieu des enfants cancéreux, est bien mieux à sa place dans le combat quotidien que dans la revanche optimiste qui est la mienne et qui consiste à prendre en charge les « guéris » que j'espère ne pas aggraver.

Paola était un théâtre vivant : elle incarnait tous les excès dont nous n'avons pas été capables. Elle vivait d'expériences et de conduites à risques qui nous ont fait peur. Elle a éclairé le banal et le morne de nos quotidiens fades. Malheureusement, elle a croisé une seringue fatale et, comme « l'homme au rat » de Freud, lui, mort à la guerre, elle était une personne qui aurait pu enrichir notre temps. Quelque part, on l'admire, mais surtout on la regrette.

Manuel est en fait mon cousin par ses origines géographiques et sa famille latine perturbée, exubérante, abandonnique mais si présente. Il a éprouvé et effondré toutes mes ressources, jonglant avec ses parents adoptants, et sans doute aussi avec moi. Il avait ces yeux noirs aussi sombres que le bleu céleste des yeux de Sophie. Il a pu charmer l'ergothérapeute qui renforce les liens comme une rédemptrice tolérante. En plus, on a compris grâce à lui que les parents adoptants, très souvent en situation difficile, réussissent véritablement leur coup quand la filiation biologique reprend. C'est en devenant grands-parents qu'ils sont véritablement parents. J'ai quand même eu très peur d'une reprise des « je sais pas », mais je crois que mes successeurs, spécialisés dans la prise en charge des très jeunes enfants, se colleront à ce trouble du sommeil et décrypteront l'origine fantasmatique de celui-ci, alors que dans une famille moins typée cela aurait pu passer inaperçu. Mais ne critiquons pas la psychiatrie du bébé qui doit bien vivre avec quelques rares cas à haut niveau psychopathologique. Je souhaite à cette famille un accueil avec une empathie sensible et un peu moins d'interprétations. Ne rêvons pas et ne parlons ni de nos prédécesseurs ni de nos successeurs.

Je me souviens du petit garçon que je fus, qui avait peur de ses pensées et qui, bien sûr, adorait la science-fiction. Il ne mangeait pas beaucoup, même très peu, les enseignants craignaient qu'il ait du mal à apprendre et à comprendre, des maux de tête redoutables l'enfonçaient dans le noir avec, comme traitement, des tranches de citron tenues par une serviette sur le front. Plus tard, il rêvera de conduites à risques sans jamais les pratiquer. Vous avez compris maintenant : nos patients font partie de notre vie psychique. Ils l'occupent, la modifient, l'améliorent et la transforment. Si, par un soir d'hiver, vous n'allez pas trop bien, si la mansuétude lors d'une action accomplie n'apparaît pas et ne suffit pas à vous engager dans un calme olympien, c'est qu'il vous reste un chemin à parcourir de concert avec les autres.

Ce métier fabuleux, malgré les défaites, mérite bien un détour de plus. Pourquoi pas une activité clinique extra-institutionnelle, de gré à gré, ou pour être fidèle à mes maîtres, continuer à raconter des histoires dont la puissance métaphorique vaut bien toutes les théories ?

Table

Du même auteur :

VOTRE ADO, en collaboration avec Philippe Meirieu, Christine Schilte, Hachette Pratique, 2010.

L'ABÉCÉDAIRE. COMPRENDRE POUR ÉDUQUER, Éditions Anne Carrière, 2010.

CHACUN CHERCHE UN PÈRE, Éditions Anne Carrière, 2009.

REGARDS CROISÉS SUR LE HANDICAP, en collaboration avec Luc Leprêtre, Éditions Anne Carrière, 2008.

LA VIE EN DÉSORDRE, Éditions Anne Carrière, 2007.

REGARDS CROISÉS SUR L'ADOLESCENCE, en collaboration avec Marie Choquet, Éditions Anne Carrière, 2007.

DÉTACHE-MOI ! SE SÉPARER POUR GRANDIR, Éditions Anne Carrière, 2005.

TOUT CE QUE VOUS NE DEVRIEZ JAMAIS SAVOIR SUR LA SEXUALITÉ DE VOS ENFANTS, Éditions Anne Carrière, 2003.

ÉLEVER BÉBÉ : DE LA NAISSANCE À SIX ANS, en collaboration avec Christine Schilte, Hachette Pratique, 1998.

FRÈRES ET SŒURS, UNE MALADIE D'AMOUR, en collaboration avec Christine Schilte, Fayard, 2002.

VOULOIR UN ENFANT, en collaboration avec René Frydman et Christine Schilte, Hachette Pratique, 2001.

ŒDIPE TOI-MÊME ! CONSULTATIONS D'UN PÉDOPSYCHIATRE, Éditions Anne Carrière, 2000.

COMPRENDRE L'ADOLESCENT, en collaboration avec Christine Schilte, Hachette Pratique, « La grande aventure », 2000.

HUIT TEXTES CLASSIQUES EN PSYCHIATRIE DE L'ENFANT, ESF éditeur, « La vie de l'enfant », 1999.

PAPIER À BASE DE
FIBRES CERTIFIÉES

Le Livre de Poche s'engage pour l'environnement en réduisant l'empreinte carbone de ses livres. Celle de cet exemplaire est de :
200 g éq. CO_2
Rendez-vous sur
www.livredepoche-durable.fr

Composition réalisée par FACOMPO (Lisieux)

Achevé d'imprimer en septembre 2012 en France par
CPI BRODARD ET TAUPIN
La Flèche (Sarthe)
N° d'impression : 70122
Dépôt légal 1re publication : octobre 2012
LIBRAIRIE GÉNÉRALE FRANÇAISE
31, rue de Fleurus – 75278 Paris Cedex 06

31/6748/3